中华人民共和国行业推荐性标准

公路跨海桥梁养护技术规范

Technical Specifications for Maintenance of Sea-crossing Highway Bridge

JTG/T 5124—2022

主编单位：中交基础设施养护集团有限公司
　　　　　港珠澳大桥管理局
批准部门：中华人民共和国交通运输部
实施日期：2022 年 11 月 01 日

人民交通出版社股份有限公司
北　京

律师声明

本书所有文字、数据、图像、版式设计、插图等均受中华人民共和国宪法和著作权法保护。未经人民交通出版社股份有限公司同意,任何单位、组织、个人不得以任何方式对本作品进行全部或局部的复制、转载、出版或变相出版。

本书封面贴有配数字资源的正版图书二维码,扉页前加印有人民交通出版社股份有限公司专用防伪纸。任何侵犯本书权益的行为,人民交通出版社股份有限公司将依法追究其法律责任。

有奖举报电话:(010)85285150

北京市星河律师事务所
2020 年 6 月 30 日

图书在版编目(CIP)数据

公路跨海桥梁养护技术规范:JTG/T 5124—2022 / 中交基础设施养护集团有限公司,港珠澳大桥管理局主编. — 北京:人民交通出版社股份有限公司,2022.7

ISBN 978-7-114-18092-7

Ⅰ.①公… Ⅱ.①中… ②港… Ⅲ.①公路桥—跨海峡桥—保养—技术规范—中国 Ⅳ.①U448.145.7-65

中国版本图书馆 CIP 数据核字(2022)第 122566 号

标准类型:	中华人民共和国行业推荐性标准
标准名称:	公路跨海桥梁养护技术规范
标准编号:	JTG/T 5124—2022
主编单位:	中交基础设施养护集团有限公司 港珠澳大桥管理局
责任编辑:	王海南
责任校对:	赵媛媛
责任印制:	刘高彤
出版发行:	人民交通出版社股份有限公司
地　　址:	(100011)北京市朝阳区安定门外外馆斜街 3 号
网　　址:	http://www.ccpcl.com.cn
销售电话:	(010)59757973
总 经 销:	人民交通出版社股份有限公司发行部
经　　销:	各地新华书店
印　　刷:	北京市密东印刷有限公司
开　　本:	880×1230　1/16
印　　张:	4.75
字　　数:	105 千
版　　次:	2022 年 7 月　第 1 版
印　　次:	2022 年 7 月　第 1 次印刷
书　　号:	ISBN 978-7-114-18092-7
定　　价:	50.00 元

(有印刷、装订质量问题的图书,由本公司负责调换)

中华人民共和国交通运输部

公 告

第 40 号

交通运输部关于发布
《公路跨海桥梁养护技术规范》的公告

现发布《公路跨海桥梁养护技术规范》（JTG/T 5124—2022），作为公路工程行业推荐性标准，自 2022 年 11 月 1 日起施行。

《公路跨海桥梁养护技术规范》（JTG/T 5124—2022）的管理权和解释权归交通运输部，日常解释和管理工作由主编单位中交基础设施养护集团有限公司负责。

请各有关单位注意在实践中总结经验，及时将发现的问题和修改建议函告中交基础设施养护集团有限公司（地址：北京市东城区安定门外大街丁 88 号江苏大厦 8 号楼，邮政编码：100011），以便修订时研用。

特此公告。

中华人民共和国交通运输部
2022 年 7 月 5 日

交通运输部办公厅　　　　　　　　　　　　　　　2022 年 7 月 9 日印发

前 言

根据《交通运输部关于下达 2020 年公路工程行业标准制修订项目计划的通知》（交公路函〔2020〕471 号）的要求，由中交基础设施养护集团有限公司和港珠澳大桥管理局承担《公路跨海桥梁养护技术规范》（JTG/T 5124—2022）（以下简称"本规范"）的制定工作。

编制组贯彻执行国家和交通运输部的有关技术政策，全面总结跨海桥梁养护工程实践经验和科技成果，借鉴国内外相关标准规范的先进技术方法，针对跨海桥梁检查监测、评定与对策、养护规划、养护工程设计、养护作业及养护技术管理等方面，作出了具体规定，并在广泛征求全国相关单位和专家意见的基础上，制定本规范。

本规范包括 9 章和 8 个附录，分别是：1 总则，2 术语，3 基本规定，4 检查与监测，5 评定与对策，6 养护规划与手册，7 养护工程设计，8 养护作业，9 技术管理，附录 A 跨海桥梁暴露试验站建设要求，附录 B 桥梁初始检查记录表，附录 C 桥梁经常检查记录表，附录 D 桥梁定期检查记录表，附录 E 跨海桥梁附属设施技术状况评定标准，附录 F 跨海桥梁保洁要求，附录 G 桥梁检修车维护保养要求，附录 H 桥梁除湿系统维护保养要求。

本规范由崔玉萍、郑顺潮、陈双全负责起草第一章，陈双全、韩永平负责起草第二章，陈双全负责起草第三章，宿建、姜震宇、周道成、陈双全负责起草第四章，宿建、姜震宇、陈双全负责起草第五章，王金权、孙灏负责起草第六章，韩永平、陈双全负责起草第七章，张顺善、荆玉才、胡银洲负责起草第八章，陈双全、韩永平、崔玉萍负责起草第九章，张顺善负责起草附录 A，宿建负责起草附录 B，姜震宇负责起草附录 C，姜震宇负责起草附录 D，宿建负责起草附录 E，崔玉萍负责起草附录 F，郑顺潮负责起草附录 G，景彪负责起草附录 H。

请各有关单位在执行中，将发现的问题和意见，函告中交基础设施养护集团有限公司，联系人：陈双全（地址：北京市东城区安定门外大街丁 88 号江苏大厦 8 号楼；邮编：100011；联系电话：010-64789898；传真：010-64789499；电子邮箱：719318851@qq.com），以便修订时参考。

主 编 单 位：中交基础设施养护集团有限公司
　　　　　　　　港珠澳大桥管理局
参 编 单 位：中路高科交通检测检验认证有限公司
　　　　　　　　大连理工大学

宁波市杭州湾大桥发展有限公司
山东高速青岛公路有限公司

主　　　编：崔玉萍　郑顺潮
主要参编人员：陈双全　宿　建　韩永平　姜震宇　张顺善　周道成
　　　　　　　荆玉才　王金权　胡银洲　孙　灏　景　彪

主　　　审：欧进萍
参与审查人员：王　太　杨　亮　张慧彧　李　健　李　华　吉　林
　　　　　　　刘子剑　饶建辉　宋　宁　赵尚传　方明山　李春风
　　　　　　　王胜年　王来永　张建东　汪　波　谢　峻　胡　斌

目 次

1 总则 ·· 1
2 术语 ·· 3
3 基本规定 ·· 4
4 检查与监测 ··· 7
   4.1 一般规定 ··· 7
   4.2 初始检查 ··· 9
   4.3 日常巡查 ··· 10
   4.4 经常检查 ··· 11
   4.5 定期检查 ··· 15
   4.6 特殊检查 ··· 16
   4.7 桥梁监测 ··· 18
5 评定与对策 ··· 22
   5.1 一般规定 ··· 22
   5.2 桥梁评定 ··· 22
   5.3 养护对策 ··· 23
6 养护规划与手册 ·· 25
   6.1 一般规定 ··· 25
   6.2 养护规划 ··· 25
   6.3 养护手册 ··· 26
7 养护工程设计 ·· 28
   7.1 一般规定 ··· 28
   7.2 预防养护设计 ·· 30
   7.3 修复养护设计 ·· 30
   7.4 应急养护设计 ·· 31
8 养护作业 ·· 32
   8.1 一般规定 ··· 32
   8.2 日常养护 ··· 32
   8.3 预防养护 ··· 34
   8.4 修复养护 ··· 35
   8.5 应急养护 ··· 40

9 技术管理 ·· 42
9.1 一般规定 ·· 42
9.2 技术方案管理 ·· 42
9.3 技术档案管理 ·· 42
9.4 数据管理与信息化 ·· 44

附录 A　跨海桥梁暴露试验站建设要求 ·· 46

附录 B　桥梁初始检查记录表 ·· 48

附录 C　桥梁经常检查记录表 ·· 50

附录 D　桥梁定期检查记录表 ·· 52

附录 E　跨海桥梁附属设施技术状况评定标准 ·· 60

附录 F　跨海桥梁保洁要求 ·· 62

附录 G　桥梁检修车维护保养要求 ·· 63

附录 H　桥梁除湿系统维护保养要求 ·· 65

本规范用词用语说明 ·· 66

1 总则

1.0.1 为指导公路跨海桥梁养护工作，保持跨海桥梁经常处于良好技术状态，制定本规范。

1.0.2 本规范适用于公路跨海桥梁和公铁、公轨两用跨海桥梁公路工程部分的养护。

条文说明

跨海桥梁包括公路、铁路、轨道跨海桥梁以及公铁、公轨两用等跨海桥梁。执行公路行业设计、施工标准的跨海桥梁适用本规范。

1.0.3 公路跨海桥梁养护应以安全、耐久、适用为主要目标，贯彻全寿命期养护理念，遵循预防为主的工作方针，积极稳妥地应用新材料、新设备、新工艺、新技术。

条文说明

跨海桥梁处于台风、地震、海浪、海流、风暴潮、海啸、暴雨、冲刷、高湿、高盐、高腐蚀等多种不利环境，具有规模大、路线长、社会影响大、结构复杂、资金投入大、安全耐久问题突出等特点，故跨海桥梁养护难度大于一般桥梁，因此提出了全寿命期养护、预防养护的理念方针，以及应用四新技术的要求。

1.0.4 公路跨海桥梁养护应包括检查监测、评定与对策、养护规划、养护工程设计、养护作业及养护技术管理等内容。

条文说明

本规范在《公路桥涵养护规范》（JTG 5120—2021）等规范的基础上，对跨海桥梁的检查监测、评定与对策、养护规划、养护工程设计、养护作业等方面提出了进一步的要求，与《公路桥涵养护规范》（JTG 5120—2021）等规范相同的内容不再赘述。

1.0.5 公路跨海桥梁的日常养护作业，预防、修复、应急养护工程设计与施工应符合本规范规定，专项养护工程设计与施工可根据具体工程特点参照本规范执行。

条文说明

　　交通运输部《公路养护工程管理办法》（交公路发〔2018〕33号）规定，公路养护工程按养护目的和养护设施差异，分为预防养护、修复养护、专项养护和应急养护工程，不包含日常养护。其中的专项养护是指为恢复、保持或提升公路服务功能而集中实施的完善增设、加固改造、拆除重建、灾后恢复等工程，故本规范对专项养护工程的设计与施工不作统一要求，同时增加了日常养护作业的部分要求。

1.0.6 公路跨海桥梁养护除应符合本规范的规定外，尚应符合国家和行业现行有关标准的规定。

2 术语

2.0.1 跨海桥梁 sea-crossing bridge

处于海洋环境，跨越海湾、海峡、深海、入海口或其他海洋水域的桥梁。

2.0.2 跨海桥梁养护检查单元 inspection units of sea-crossing bridge

主要按桥梁结构形式、所处部位、使用功能和技术状况，将跨海桥梁划分成的便于开展检查评定的不同里程段落。

2.0.3 集中养护 centralized maintenance

集中人员、设备、材料，统筹考虑养护时机和交通组织等因素，将原本长期、分散的养护作业，在相对集中的时间内或若干路段内，将各类养护作业统一实施的养护作业组织方式。

2.0.4 暴露试验站 field exposure station

为研究结构、材料在实际环境中的腐蚀行为而建设的室外试验设施。

3 基本规定

3.0.1 跨海桥梁养护应结合桥位环境、使用要求、桥梁结构及材料等特点,编制有针对性的养护规划和手册,开展养护工作。

3.0.2 跨海桥梁养护应根据不同部件的重要性、可达性、可检性、可修性、可换性分类,采取不同的养护对策,实行分类检查、评定和养护。分类标准宜按表3.0.2的规定执行。

表3.0.2 跨海桥梁结构部件分类标准

类别	分 类 标 准	主 要 部 件
A	桥梁主体结构,较难检查,很难修复,设计使用年限内无法更换,首要养护对象	桥塔及基础、主墩及基础、锚碇、主缆及索鞍、拱肋
B	桥梁主体结构,可以检查,较难修复,设计使用年限内难以更换,重点养护对象	主桥主梁、刚性系杆、一体式防船撞设施
C	桥梁主体结构,较难检查,可以修复,设计使用年限内难以更换,重点养护对象	引桥主梁、辅助墩、过渡墩、引桥桥墩
D	重要部件,可以检查、修复、更换	斜拉索、吊索、悬索桥缆索体系(除主缆外);箱梁体外索;柔性系杆;阻尼器;支座、伸缩装置等
E	次要部件,可以检查、修复、更换	桥面铺装、栏杆;分离式防船撞设施、耐久性防护措施、检修通道及其他附属设施

条文说明

跨海桥梁具有里程长、跨度大、结构复杂、部件类型和数量多、养护运营环境复杂、自然灾害多发、路线可替代性差、社会公众关注度高等特点,且不同部件的重要性、可达性、可检性、可修性、可换性及设计使用年限差别较大。为提高跨海桥梁养护的针对性和精准性,本规范按跨海桥梁部件的重要性、可达性、可检性、可修性、可换性,将跨海桥梁部件分为A、B、C、D、E 5类,分别制定养护对策,实行分类检查、评定和养护,以实现科学决策、靶向诊治、精准养护的目标。

3.0.3 跨海桥梁应按现行《公路桥涵养护规范》(JTG 5120)开展桥梁检查、技术状况评定和适应性评定工作,还应按本规范周期性地开展耐久性检查、评定等工作。

3.0.4 跨海桥梁应按现行《公路桥涵养护规范》（JTG 5120）的有关规定，根据桥梁技术状况评定和适应性评定结果，结合本规范规定，制定养护对策，开展养护工程设计。

3.0.5 跨海桥梁养护应满足下列要求：
1 桥梁外观整洁，附属设施齐全完好。
2 桥面铺装坚实平整。
3 桥梁结构性能完好，无异常变形，关键部构件功能完好。
4 用于观测、检查和维修的通道或设施完好。
5 基础冲刷在设计允许范围内并相对稳定。

3.0.6 跨海桥梁应重视日常养护和预防养护；宜采用自动化、数字化、智能化的养护技术和装备。

3.0.7 跨海桥梁养护工程应按现行《公路养护工程质量检验评定标准 第一册 土建工程》（JTG 5220）进行检验评定，对其未包含的内容，可根据需要制定项目专用的检验评定标准。

3.0.8 跨海桥梁养护作业应符合现行《公路养护安全作业规程》（JTG H30）的有关规定，按交通组织方案设置作业控制区。

3.0.9 跨海桥梁应编制养护施工风险辨识手册，辨识重大风险，分析风险发生的概率和危害程度，建立重大风险的动态监控机制。

条文说明

交通运输部发布的《公路长大桥隧养护管理和安全运行若干规定》（交公路发〔2018〕35号）第三十五条规定，长大桥隧经营管理单位应当按照有关规定建立健全风险管理和隐患排查工作制度，编制风险辨识手册，建立风险动态监控机制，定期开展隐患排查工作。对发现的隐患应及时采取相应的处治措施，必要时协调相关部门实施交通管制。

3.0.10 跨海桥梁养护应完善养护工作通道，配置必要的养护设备及机具。

条文说明

常见的养护工作通道有：主桥伸缩装置下方的检修平台、主梁下方阻尼器的检修平台、锚碇内部散索鞍的检修平台、主桥支座和引桥支座的检修平台等。

3.0.11 跨海桥梁应保持桥面排水系统、集水系统或径流收集系统处于正常的工作状态。

3.0.12 跨海桥梁宜按本规范附录 A 设置暴露试验站。

4 检查与监测

4.1 一般规定

4.1.1 跨海桥梁应根据结构形式，并结合跨径组合、服役环境、技术状况合理划分养护检查单元。

条文说明

跨海桥梁一般规模较大，结构形式多样，服役环境存在一定的差异性，其损伤特征和劣化规律有所不同。在开展具体工作时，根据桥梁的结构形式，并结合其跨径组合、服役环境和桥梁技术状况，合理划分养护检查单元，有助于提高检查评定工作的针对性，提升养护效能。

4.1.2 跨海桥梁应按现行《公路桥涵养护规范》（JTG 5120）的规定，确定养护检查单元的养护检查等级，开展检查评定工作。

4.1.3 跨海桥梁的检查应分为初始检查、日常巡查、经常检查、定期检查和特殊检查。各类检查除应按现行《公路桥涵养护规范》（JTG 5120）的规定执行外，尚应符合本章的规定。

4.1.4 对于各养护检查单元中构造复杂、数量规模较大的部件，当A、B类部件技术状况等级为1类、2类时，C、D、E类部件技术状况等级为1~3类时，可在满足现行规范基础上采用循环检查方式开展经常检查和定期检查工作。当A、B类部件技术状况等级达到3~5类，C、D、E类部件技术状况等级达到4~5类时，应取消循环检查方式，进行全面检查，同时应符合下列规定：

1 循环检查方式应结合桥梁养护手册或规划，根据结构力学特点、服役年限、构造形式、劣化特征、运营状况和评定结果等因素，按全面、系统、科学、有序的原则制订检查计划，明确检查部位和要求。

2 采用循环检查方式开展的经常检查和定期检查，其检查频次和开展时机应符合现行《公路桥涵养护规范》（JTG 5120）的相关规定，根据检查计划确定的检查部位和要求完成检查工作。

条文说明

　　桥梁例行检查工作的目的是通过周期性、全方位的检查，全面了解结构的技术状态，并在发现病害后及时进行维修处治。跨海桥梁部构件数量较大，同类型构件的服役状态和劣化机理较为相似，如正交异性板重车道疲劳裂纹、拉吊索上下锚固构造、拱桥短吊杆及装配式预制梁等。从目前的养护工作实践和养护资源投入来看，在规定周期内完成全面检查，其检查的可行性、经济性难以保证。

　　本规范与《公路缆索结构体系桥梁养护技术规范》（JTG/T 5122—2021）采用相似原则，对构造复杂、数量规模较大的部件，根据其数量、检查周期等进行合理划分后，制订检查计划，在检查频次符合现行《公路桥涵养护规范》（JTG 5120）的基础上，采用循环检查方式，以突出检查重点、提高检查效率，增加可操作性。

　　养护检查单元的经常检查和定期检查按现行《公路桥涵养护规范》（JTG 5120）检查频次要求，如养护检查等级为Ⅰ级的养护检查单元，经常检查按每月不少于1次，定期检查按每年不少于1次开展。每次检查过程中，针对此类部件，根据预先制订的检查计划、检查比例和内容要求，采用循环检查方式进行，并要求在一定期限内全面覆盖，以保证检查成果的全面性和完整性。

4.1.5 对设置有牺牲阳极、外加电流阴极保护等附加防腐措施的桥梁构件，其附加防腐措施应作为经常检查、定期检查的重要检查内容。

4.1.6 新建和在役跨海桥梁宜建设结构监测系统并联网运行，跨海桥梁结构监测系统建设、升级改造宜突出对自然灾害和突发事件结构响应的感知能力。

条文说明

　　桥梁结构监测系统主要对桥梁承受的荷载和作用、桥梁静动力结构响应及桥梁所在区域的自然环境参数进行测量、采集、处理、分析，并具备预警、安全评估、结构性能变化趋势预测等功能。由于跨海桥梁在路网中往往处于关键位置，具有重大的社会关注度和影响力，设置监测系统可以实时掌握桥梁的环境变化、桥梁自身状态和结构性能变化趋势，以便及时采取措施，应对自然灾害和突发事件；同时有助于编制养护规划，进行科学决策，保障跨海桥梁的安全运营。

4.1.7 应充分利用桥梁结构监测系统获得的数据，并结合检查数据，对桥梁进行技术状况评定和适应性评定。

4.1.8 桥梁结构加固、改造、更换主要构件施工期间，应全程监控，确保桥梁结构安全。

条文说明

监测主要是对桥梁的设定参数进行连续、自动测量和记录，获取桥梁环境、作用、结构响应与结构变化定量数据，实现监测数据超限报警，定期评估结构安全状况。监控主要基于桥梁实时监测数据对桥梁结构实时安全状态进行评估，当必要时进行调控，保证施工过程中桥梁结构始终处于安全状态。

4.1.9 跨海桥梁监测除应按现行《公路桥梁结构监测技术规范》（JT/T 1037）执行外，宜包括下列内容：
1 监测影响跨海桥梁耐久性的海洋环境要素；
2 监测跨海桥梁结构耐久性参数；
3 监测跨海桥梁防腐防护状况；
4 结构监测系统的使用和维护要求；
5 监测数据与检测数据的融合利用；
6 监测数据辅助养护决策。

4.2 初始检查

4.2.1 新建（或改建）跨海桥梁初始检查宜与交工验收同步完成，检查完成后应建立结构初始状态档案，可在桥梁建设过程中提前开展基准状态参数采集工作。桥梁实施结构性能提升后，应在通车 3 个月内按现行《公路桥涵养护规范》（JTG 5120）的相关规定开展初始检查。

4.2.2 对跨海桥梁采用特殊材料、新工艺或特殊设计的构件，应在初始检查前根据设计文件、服役环境、材料劣化机理、构件功能定位和工作性能要求等确定检查项目、构建评价指标。

4.2.3 未进行过初始检查的在役跨海桥梁，应根据各类检查成果，建立基于现状的初始状态档案。

条文说明

部分运营期桥梁在桥梁通车前期未开展初始检查工作，造成桥梁养护期检查评定和维修加固过程中缺少基准状态，影响正常养护工作的开展。此类桥梁以最近一次定期检查数据为基础，补充相关检查工作内容形成基于现状的初始状态。

4.2.4 初始检查工作应符合现行《公路桥涵养护规范》（JTG 5120）的相关规定，并开展桥梁服役环境参数测定工作。

4.2.5 初始检查中应根据桥梁服役特征，确定构件分类和耐久性评定单元划分，选取典型部位，进行结构耐久性参数初次采集，经评定建立结构或构件的耐久性初始状态。

条文说明

桥梁耐久性是在正常使用和维护条件下，结构或构件在设计使用年限或目标使用年限内保持其安全性和适用性的能力。

初始检查前，需要根据桥梁结构特点确定主体结构构件，根据构件的截面形式、受力特点和建造材料等进行划分构件类别，根据环境条件和表观特征等划分构件评定单元。

4.2.6 针对特殊设计构件，初始检查中应结合桥梁动静载试验和结构监测数据，建立其工作状况和功能状态的初始值。

4.2.7 对初始检查中发现的与结构受力或长期服役性能相关的典型缺陷，应进行修复，并明确提出长期观测需求。

4.2.8 初始检查时应同步完成建设期永久观测网的交接，并对桥梁永久性观测点的几何参数进行复核、确认。同时应综合考虑桥梁结构形式、跨径组合等因素，对缺失的观测点进行补设，对布设不合理无法满足长期持续观测的永久性观测点进行改设。

条文说明

缆索体系桥梁按《公路缆索结构体系桥梁养护技术规范》（JTG/T 5122—2021）第3.5.3条的要求布设永久性观测点。梁式桥、拱桥按现行《公路桥涵养护规范》（JTG 5120）的要求布设永久性观测点，并进行初值测定。

4.2.9 初始检查后应按本规范附录B填写桥梁初始检查记录表，编制检查评定报告，并形成初始状态档案。

4.3 日常巡查

4.3.1 跨海桥梁日常巡查应包括日巡查和夜巡查。

4.3.2 日常巡查可采用乘车与步行相结合的方式，采用目测或依托高清监控等手段开展检查工作，现场填写巡查记录表，并及时归档，发现异常应及时上报。

4.3.3 日巡查应主要对结构异常振动、异常变形、异常声响等显见性异常情况进行检查，同时应检查路面与护栏的完好性与卫生情况，以及目测到的桥梁其他设施外观是否完好，桥址周边环境有无异常。

4.3.4 夜巡查应主要针对夜间照明设施、标志标线、轮廓标、通航标是否满足夜间行车、通航要求进行巡查，同时应对夜间目测到的桥梁其他设施是否完好进行检查。

4.3.5 日巡查频率不应低于 1 次/日，夜巡查频率不应低于 1 次/周。极端恶劣天气前后及经历火灾、船撞、地震等突发事件后，应提高日常巡查频率。

4.4 经常检查

4.4.1 跨海桥梁经常检查应以目测并辅助必要的工具、设备对结构进行全面检查，宜按本规范附录 C 填写桥梁经常检查记录表，并及时归档。

4.4.2 经常检查宜结合结构监测数据，对结构异常部位进行重点校验性检查；对定期检查中明确提出长期观测要求的重点病害进行检查。

4.4.3 跨海桥梁经常检查频率应根据养护检查单元的养护检查等级确定，不应低于现行《公路桥涵养护规范》（JTG 5120）的规定，在海啸、台风、冰冻、地震等自然灾害频发期应提高经常检查频率。

4.4.4 跨海桥梁经常检查循环检查周期不宜超过表 4.4.4-1～表 4.4.4-4 的规定，并根据桥梁技术状况动态调整。其他部件和构件应按规定开展全面检查。

表 4.4.4-1 悬索桥经常检查循环检查完成周期

部件		检查项目	循环检查方式完成周期		
			技术状况等级 1 类	技术状况等级 2 类	技术状况等级 3 类
主缆体系	缆体	是否有防护层上表面破损，主缆与索鞍是否有相对滑移	4 个月	3 个月	—
		是否有主缆最低点渗水，主缆索跨过索鞍部分索股钢丝是否有挤扁现象	2 个月	1 个月	—
		安装有除湿系统的主缆，系统工作是否正常，主缆排气口湿度是否满足要求	1 周	1 周	
	缆套	是否有破损、老化、接缝处渗漏水	4 个月	3 个月	—

续表 4.4.4-1

部件	检查项目		循环检查方式完成周期		
			技术状况等级1类	技术状况等级2类	技术状况等级3类
主缆体系	索夹	是否有松动和明显的滑移痕迹，填缝是否完好，是否锈蚀，索夹螺杆有无松动、防水螺母有无脱落	4个月	3个月	2个月
	吊索	是否有异常振动、异响等、防护破损、锚头渗水、销轴磨损或卡死	2个月	1个月	2周
	索鞍	是否有异常的位移、卡死、辊轴歪斜；构件锈蚀、破损；鞍座混凝土开裂	4个月	3个月	—
	鞍室	是否有密封不严，构件破损	4个月	3个月	2个月
		安装有除湿系统的鞍室，系统工作是否正常，室内空气湿度是否满足设计要求	1周	1周	1周
	锚碇内索股	是否有涂层劣化、破损；索股钢丝有无锈蚀、断裂	4个月	3个月	—
	索股锚固体系	是否有锚杆异常拔动、滑移；锚固拉杆涂层劣化、破损；预应力锚头锈蚀、漏油、渗水、锚头周围混凝土开裂	4个月	3个月	—
	扶手绳及立柱	是否有涂层劣化、破损；绳体锈蚀、断裂；立柱固定扶手绳位置及底部固定连接是否稳固有效，立柱是否歪斜倾倒	12个月	6个月	3个月
锚碇（梁）	锚室	是否有积水；混凝土开裂、露筋、空洞和钢筋锈蚀；锚室接缝或裂缝渗漏水	2个月	1个月	—
		是否有目视可见的整体沉降与位移	12个月	6个月	—
		安装有除湿系统的锚室，系统工作是否正常，室内空气湿度是否满足设计要求	1周	1周	—
	室内机电、照明系统	是否有运行不正常的情况	1个月	1个月	2周
	主梁	焊缝开裂或脱开	4个月	2个月	—
		螺栓松动、脱落或断裂	4个月	2个月	—
		构件锈蚀、开裂、局部变形或损伤	4个月	3个月	—
		钢箱梁内部湿度是否符合要求，除湿设施是否处于正常工作状态	1个月	1个月	—

表 4.4.4-2 斜拉桥经常检查循环检查完成周期

部件	检查项目		循环检查方式完成周期		
			技术状况等级1类	技术状况等级2类	技术状况等级3类
斜拉索	索体及护套	以远距离观测设备非抵进检查索体及护套是否有扭曲、异常振动、防护破损、老化	4个月	3个月	2个月
	拉索外置阻尼器	是否有锈蚀、漏油、松动、脱落失效	4个月	3个月	2个月
	拉索下锚头	是否有锈蚀、漏油、渗水、锚头周围混凝土开裂、钢护筒与索套管连接处密封失效	4个月	3个月	2个月
	拉索上锚头		6个月	4个月	2个月
梁体	钢箱梁内表面、桁梁可视部位	是否有涂层粉化、起泡、脱落、裂纹；结构表面裂缝、焊缝开裂、高强度螺栓锈蚀、松动或缺失；构件局部异常变形；内部水迹或积水	4个月	3个月	—
	混凝土箱梁内部	是否有开裂、露筋、钢筋锈胀；箱梁内积水	4个月	3个月	—
	梁体底面	是否有钢-混凝土组合梁结合面脱开；混凝土梁板开裂、破损；钢梁板涂层破损	4个月	3个月	—
	索锚固构造	是否有积水，钢构件涂层劣化、剥落；结构锈蚀、焊缝裂纹、螺栓松脱断裂；混凝土开裂，破损	6个月	3个月	2个月
	梁内机电、照明系统	是否有运行不正常的情况	4个月	3个月	2个月
桥塔	钢塔体内部	同主梁钢箱梁内表面	4个月	2个月	—
	混凝土塔体内部	同主梁混凝土箱梁内部	6个月	4个月	—
	索塔根部	是否有劣化、破损；裂缝、渗水、表面风化或冲刷剥落、露筋、空洞、钢筋锈蚀和防腐涂装脱落（钢塔）；连接是否完好（钢塔）	6个月	4个月	—
	索锚固构造	是否有钢构件涂层劣化、剥落；结构锈蚀、变形；焊缝裂纹、螺栓松脱断裂；混凝土开裂，破损	6个月	4个月	2个月
	塔内检修通道	是否有涂层劣化，结构锈蚀、断裂，构件缺失	6个月	4个月	3个月
	塔内机电、照明系统	是否有运行不正常的情况；电梯是否在检查有效期内	4个月	3个月	2个月

表 4.4.4-3　梁式桥经常检查循环检查完成周期

部件	检查项目		循环检查方式完成周期		
			技术状况等级1类	技术状况等级2类	技术状况等级3类
梁体	钢箱梁内表面、桁梁可视部位	是否有涂层粉化、起泡、脱落、裂纹；结构表面裂缝、焊缝开裂、高强度螺栓锈蚀、松动或缺失；构件局部异常变形；内部水迹或积水	4个月	3个月	—
	混凝土箱梁内部	是否有开裂、露筋、钢筋锈胀；箱梁内积水	4个月	3个月	—
	梁体底面	是否有钢-混凝土组合梁结合面脱开；混凝土梁板开裂、破损；钢梁板涂层破损	4个月	3个月	—
	梁内机电、照明系统	是否有运行不正常的情况	4个月	3个月	2个月
支座	非通航孔支座	是否有串动偏位、支座功能是否正常、支座各组件是否完好	4个月	3个月	1个月(2个月)

注：表中（）内数字对应《公路桥涵养护规范》（JTG 5120—2021）Ⅱ级养护检查等级，（）外数字和无（）数字对应《公路桥涵养护规范》（JTG 5120—2021）Ⅰ级养护检查等级。

表 4.4.4-4　拱桥经常检查循环检查完成周期

部件	检查项目		循环检查方式完成周期		
			技术状况等级1类	技术状况等级2类	技术状况等级3类
拱肋	主拱肋外表面可视部位	是否有涂层粉化、起泡、脱落、裂纹；结构表面裂缝、焊缝开裂、高强度螺栓锈蚀、松动或缺失；构件局部异常变形	4个月	3个月	—
	主拱肋内部	钢管混凝土内部有无脱空或不密实	6个月	6个月	—
	横向连接系	节点部位有无异常变形、损伤、脱开	4个月	3个月	1个月(2个月)
支座	支座	是否有串动偏位、支座功能是否正常、支座各组件是否完好	4个月	3个月	1个月(2个月)
立柱	外表面可视部位	是否有涂层粉化、起泡、脱落、裂纹；结构表面裂缝、焊缝开裂、高强度螺栓锈蚀、松动或缺失；构件局部异常变形	4个月	3个月	1个月(2个月)
吊杆及系杆	柔性系杆索体及护套	是否有扭曲、异常振动、防护破损、老化	4个月	3个月	2个月
	吊杆下锚头	是否有锈蚀、漏油、渗水、锚头周围混凝土开裂、钢护筒与索套管连接处密封失效	4个月	3个月	1个月(2个月)
	拉索锚头、系杆锚头		6个月	4个月	1个月(2个月)

续表4.4.4-4

部件	检查项目	循环检查方式完成周期		
		技术状况等级1类	技术状况等级2类	技术状况等级3类
吊杆及系杆	刚性系杆	是否有涂层粉化、起泡、脱落、裂纹；结构表面裂缝、焊缝开裂、高强度螺栓锈蚀、松动或缺失；构件局部异常变形；内部水迹或积水	6个月	4个月	—
桥面板	桥面板	是否有涂层粉化、起泡、脱落、裂纹；结构表面裂缝、焊缝开裂、高强度螺栓锈蚀、松动或缺失；构件局部异常变形；内部水迹或积水	4个月	3个月	2个月

4.4.5 经常检查中发现桥梁重要构件严重缺损时，应及时上报并采取必要的应急处治措施。

4.4.6 跨海桥梁经常检查中应重点对混凝土和钢结构防腐蚀措施、各类阻尼器、体外索进行检查。

4.5 定期检查

4.5.1 跨海桥梁定期检查应以抵近目测结合仪器观测、测试的方式进行，应抵近各构件检查其外观变化、缺损状况、腐蚀状况、劣化状态等，判断其病害程度、发展趋势和对结构功能性的影响程度，初步判定其功能是否符合规范要求。

4.5.2 跨海桥梁定期检查频率应根据养护检查单元的养护检查等级确定，不应低于现行《公路桥涵养护规范》（JTG 5120）的规定。

4.5.3 采用循环检查方式开展定期检查的部件，应符合下列规定：
1 每次定期检查应全面覆盖养护检查单元的全部桥跨和各类部件；单次检查中，循环检查部件检查数量应不低于该部件构件总数的1/3，并在3年内完成该部件的全数检查。
2 循环检查内容应参照表4.5.3执行，其他内容应全数检查。

表4.5.3 跨海桥梁定期检查循环检查要求

桥梁类型	检查内容
斜拉桥	斜拉索外观、上锚头，钢桁梁节点螺栓状态
悬索桥	吊索外观及上锚固端状况，主缆外观及锚固连接构造状态，索夹螺杆紧固力，钢桁梁节点螺栓状态

续表 4.5.3

桥 梁 类 型	检 查 内 容
梁式桥	钢桁梁节点螺栓状态，变截面混凝土箱梁箱内中上部区域，体外索
拱桥	吊杆外观、上锚头

4.5.4 跨海桥梁宜结合结构定期检查开展结构耐久性参数动态采集。

4.5.5 耐久性参数采集项目应根据桥梁材质和环境作用类别确定，并应符合相关标准的规定。

4.5.6 定期检查完成后应编制定期检查报告，报告宜包括下列内容：
 1 桥梁基本状况卡片、按本规范附录 D 要求填写的桥梁定期检查记录表、桥梁技术状况评定表。
 2 典型缺损和病害的照片、文字说明及缺损分布图，缺损状况的描述应采用专业标准术语，说明缺损的部位、类型、性质、范围、数量和程度等。
 3 总体照片包括桥面正面、上行侧立面和下行侧立面三张。桥梁改建后重新拍照，并标注清楚。
 4 详细描述对采用循环检查部件、构件的具体划分、抽查规划。
 5 判明病害原因及影响范围，并与历次检查、维修情况进行对比分析，说明病害发展情况。
 6 桥梁各部件技术状况等级。
 7 提出养护建议及下次检查时间。

4.6 特殊检查

4.6.1 实施特殊检查前，应充分收集桥梁设计资料、竣工资料、材料试验报告、施工资料、历次检测报告及维修资料等，并现场复核。

4.6.2 跨海桥梁特殊检查应根据桥梁异常情况、病害程度和性质，采用仪器设备进行现场测试和其他辅助试验，并根据检查结果进行评定，形成评定结论，提出处置措施建议。

4.6.3 跨海桥梁应周期性开展下列特殊检查：
 1 应根据桥梁服役年限和周边水文环境条件，对海床冲刷、水中基础定期开展水下检查，检查周期不宜超过 6 年。
 2 应针对跨海桥梁所处的自然环境、腐蚀环境、桥梁与环境的相互作用和影响情况定期开展特殊检查，检查周期不宜超过 5 年。

3 根据桥梁服役状况和通航条件，开展通航孔桥防撞设施及非通航孔桥船舶拦截设施检查，检查周期不宜超过 6 年。

4 应定期开展缆索结构等关键部件特殊检查，吊索锚头检查周期不宜超过 6 年。索夹螺杆紧固力测试应根据其衰减特征制订检查计划，开展周期性检测工作。

条文说明

跨海桥梁服役条件复杂特殊，耐久性问题较为突出，结构形式相对复杂，且存在通航等情况。采用周期性方式开展关键参数的特殊检查工作，有助于及时了解关键部位的技术状态，及时有效开展养护工作。

4.6.4 当跨海桥梁出现下列情况应开展特殊检查：

1 桥梁部构件功能状况、工作状况异常或突发事件发生后，且难以判断成因或对结构工作性能影响程度时。

2 主要部件技术状况达到 3~5 类时，应针对该部件组织开展一次特殊检查，分析病害成因，并确定其对结构使用功能的影响程度。

条文说明

跨海桥梁通航孔桥以缆索结构居多，特殊检查参照现行《公路缆索结构体系桥梁养护技术规范》（JTG/T 5122）相关要求执行。

4.6.5 跨海桥梁的特殊检查内容除应符合现行《公路桥涵养护规范》（JTG 5120）的规定外，还应包括下列内容：

1 易损部件和关键受力部件的结构性能、耐久性能和功能状况。
2 水中墩台身、基础周边冲刷、淤积情况的检查。
3 防护措施与材料自身腐蚀、退化情况。
4 D 类结构部件的使用状况、病害状况和耐久状况。
5 跨海桥梁所处自然环境、腐蚀环境的评定。

4.6.6 跨海桥梁结构耐久性检查应符合下列规定：

1 应根据桥梁初始检查，结合耐久性指标和劣化规律，划分评定单元。
2 跨海桥梁耐久性检查应包括桥梁主体结构和附加防腐设施。
3 应现场填写桥梁耐久性检查记录表，记录各检查部位的外观质量缺陷和外观劣化度。
4 应与历史检查报告数据进行比对分析，分析劣化趋势和速率。
5 对出现劣化速率异常加快等现象，应扩大检查范围，并提出进一步检查需求。

6 应根据评定结果提出养护需求和下次检查时间。

4.6.7 实施特殊检查前，应确定检查方法和评估体系，对尚未颁布检测规范和规程的方法应论证通过后采用。

4.6.8 工作状况异常或突发异常事件后，除应及时开展特殊检查外，还宜根据实际情况，对异常部位开展有针对性的检查与监测。

条文说明

当检查中发现结构部构件存在异常振动、变位和响声时，为确定其严重性和对桥梁工作性能的影响程度，需针对此类部件、构件开展异常状况动态观测工作，必要时可以考虑增设或补设传感器，进行实时动态监测。

4.6.9 特殊检查后应编制特殊检查报告。

4.6.10 耐久性检查后应编制检查报告，宜包括下列内容：
1 桥梁基本状况卡片、桥梁耐久性等级评定表。
2 耐久性检查的抽检范围、内容和依据，构件类别和评定单元划分情况。
3 外观质量缺陷和劣化度典型病害照片、文字说明，说明缺陷部位、类型、性质、范围、数量和程度，并进行外观耐久状态评定。
4 结合监测和暴露试验结果，预测构件剩余耐久年限。
5 判断劣化趋势和速度，并与历次检查结果进行比对分析。
6 桥梁耐久性评定结论及处置要求，确定下一次耐久性检查和评定时间。

4.7 桥梁监测

4.7.1 跨海桥梁监测系统应符合下列规定：
1 传感器及数据采集与传输设备的选型应考虑防腐等级要求。
2 附着式传感器应安装密封盒、防护罩等防腐防护措施。
3 应定期对传感器及采集设备进行原位检定，不合格设备应及时更换。
4 数据采集、传输与管理、数据类型与格式宜满足现行《信息技术 大数据 大数据系统基本要求》（GB/T 38673）的要求。
5 桥梁监测系统应根据桥梁服役环境变化、损伤特点、异常状况和突发事件等进行动态调整和更新。
6 桥梁监测系统应与桥梁养护管理系统结合，实现数据互换、信息共享和协同互补。

条文说明

目前大数据分析快速发展，在很多领域应用并发挥了重要作用。针对这一发展趋势，本条对监测系统的数据格式提出要求，为行业桥梁监测平台建设与大数据应用提供基础。

4.7.2 跨海桥梁环境耐久性监测参数宜包括下列内容：
1 桥址大气层环境参数：湿度、温度、二氧化碳浓度。
2 桥梁结构局部环境参数：主梁内、主缆内、锚室内、鞍罩内和索塔内温度、湿度。
3 桥址海水环境参数：pH值、溶解氧浓度、氯离子浓度。
4 桥梁局部环境参数：墩身区域氯离子浓度、承台区域氯离子浓度、基础区域氯离子浓度。

4.7.3 跨海桥梁结构耐久性监测参数宜包括下列内容：
1 墩身混凝土氯离子浓度、承台混凝土氯离子浓度、基础混凝土氯离子浓度。
2 钢筋混凝土结构：混凝土裂缝长度、宽度、深度、钢筋锈蚀程度或可能性。
3 钢结构：涂层开裂。
4 基础冲刷深度、海生物附着厚度。

4.7.4 阴极保护系统监测参数宜包括电位、电流密度、阳极块尺寸。

4.7.5 海洋环境条件下监测测点布置应遵循下列原则：
1 关键部位的埋入式测点应增加传感器的冗余度。
2 涉及腐蚀监测的测点应选择在重要构件腐蚀严重区域，涉及结构整体效应监测的测点宜避开水位变动区和浪溅区范围，并做好腐蚀严重区域的仪器保护。

条文说明

结构整体效应主要指结构的位移和振动，结构位移主要反映结构的刚度特征，结构的振动主要反映结构形式、质量分布、结构刚度等特征。

4.7.6 已安装结构监测系统的桥梁，应结合初始检查数据或交工试验中桥梁荷载试验数据，确定结构受力性能关键监测指标基准值，明确主要力学参数的监测阈值。

4.7.7 桥梁监测系统数据分析与应用宜符合下列规定：
1 应变时程数据分析包括平均值、最大值、最小值、应力幅最大值和循环次数等；

钢结构根据雨流计数法和 Miner 线性损伤理论计算疲劳损伤指数，并绘制疲劳损伤指数变化曲线，根据该变化曲线预测疲劳损伤的发展趋势。

2 混凝土裂缝数据分析包括裂缝宽度的最大值、位置，并绘制裂缝宽度和深度变化曲线，根据该变化曲线预测裂缝的发展趋势。

3 钢结构裂纹数据分析包括裂纹长度的最大值、位置，并绘制裂纹长度和深度变化曲线，根据该变化曲线预测裂纹的发展趋势。

4 混凝土碳化深度监测数据分析包括碳化深度最大值，并绘制碳化深度变化曲线，根据该变化曲线预测碳化深度的发展趋势。

5 钢筋锈蚀量监测数据分析包括钢筋锈蚀程度，并绘制钢筋锈蚀深度变化曲线，根据该变化曲线预测锈蚀深度的发展趋势。

6 桥墩冲刷监测数据分析包括冲刷深度最大值，并绘制冲刷深度变化曲线，根据该变化曲线预测冲刷深度的发展趋势。

条文说明

采用线性极化电阻技术监测腐蚀电流密度，由腐蚀电流密度换算成钢筋腐蚀速率（mm/a），再换算成钢筋锈蚀量，理论上都很成熟，实际工程中已应用。混凝土碳化深度监测是通过监测混凝土 pH 值实现的，以上技术和设备已在跨海桥梁中应用。本条文的目的是积累跨海桥梁耐久性经验数据，以指导后续工程的建设养护，同时考虑相关设备的稳定性和精度问题，条文中采用"宜"来规定，为实际操作留下选择空间。

4.7.8 海洋环境条件下结构监测系统使用和维护应符合下列要求：

1 应对系统定期进行检查和维护，及时维修或更换故障设备，建立设备维护台账，使系统保持良好的运行状态。

2 应对监测预警数据进行检查，及时发现结构的安全隐患或设备故障。

3 定期核查监测数据、做好记录，确保监测数据的有效性和可用性。

4 定期对设备及防护罩的固定情况、传感器、采集器与传输线路的接头紧固情况进行检查。

5 定期对传感器、数据采集与传输设备的防腐措施进行全面检查。

4.7.9 检测数据与监测数据融合宜遵循下列原则：

1 检测方案制定宜参考监测数据。

2 监测传感器、数据采集与传输设备检验可结合检测开展。

3 可参考检测数据进行结构损伤识别和定位分析。

4 检测评定过程中宜应用环境监测数据。

5 检测评定时结构更新模型可参考基于结构监测数据的分析结果。

6 检测评定结果与监测评定结果宜互相验证、融合。

条文说明

监测结构性能劣化加速的桥梁,定期检测时间间隔适当缩短;监测结构性能异常部位加密检测测点。

5 评定与对策

5.1 一般规定

5.1.1 跨海桥梁应按养护检查单元划分开展桥梁评定，制定养护对策。

5.1.2 跨海桥梁评定应包括技术状况评定和适应性评定。

5.1.3 对安装结构监测系统的桥梁，桥梁评定和对策制定中应充分应用监测获得的数据，结合检查数据对结构状态进行综合分析。

条文说明

监测数据反映了运营桥梁的真实状态，数据分析能对运营桥梁的性能和安全作出客观评估，因此可以为养护对策提供可靠的数据支持。桥梁结构性能参数监测数据可为制订桥梁预防养护计划提供依据。桥梁结构安全状况和耐久性状态监测数据可为制订桥梁修复养护、专项养护计划提供依据；极端天气、地震、船撞等异常条件下桥梁的安全状况监测数据可为灾害预防与应急养护提供依据。

5.1.4 跨海桥梁制定养护对策时，应遵循强化日常养护、主动开展预防养护、有效实施修复养护、及时开展应急养护的原则。

5.2 桥梁评定

5.2.1 跨海桥梁技术状况评定应符合现行《公路桥梁技术状况评定标准》（JTG/T H21）要求。

5.2.2 跨海桥梁技术状况评定时，附属设施技术状况宜单独进行评定，附属设施部件评定标准可参照本规范附录 E 执行。

5.2.3 跨海桥梁适应性评定应在特殊检查完成后，根据既有技术资料，对桥梁耐久性、承载能力、通行能力和抗灾能力进行评定。

5.2.4 跨海桥梁应按现行《公路桥涵养护规范》（JTG 5120）等标准的相关规定，周期性开展适应性评定。

5.2.5 跨海桥梁耐久性评定时应考虑外部环境影响，并应根据桥梁服役环境和上次耐久性评定等级确定。

条文说明

　　跨海桥梁外部环境主要包括桥址附近的大气环境和腐蚀介质、运营荷载情况、水文情况和风环境等。

5.2.6 结构耐久性评定应考虑桥梁监测数据和暴露试验站的试验数据。

5.2.7 新建跨海桥梁应结合初始检查开展耐久性评定工作；对未开展耐久性评定的在役跨海桥梁，应及时开展首次耐久性评定。

5.3 养护对策

5.3.1 跨海桥梁应根据技术状况评定结果和适应性评定结果科学制订养护方案。

5.3.2 跨海桥梁部件养护对策应符合表 5.3.2 规定。

表 5.3.2　跨海桥梁部件养护对策

部件类型	主要部件	技术状况				
		1类	2类	3类	4类	5类
A	桥塔及基础、主墩及基础、锚碇、主缆及索鞍、拱肋	日常养护或预防养护	预防养护或修复养护	修复养护	修复养护、加固、改造	改造
B	主桥主梁、刚性系杆、一体式防船撞设施	日常养护或预防养护	预防养护或修复养护	修复养护	修复养护、加固、改造	改造
C	引桥主梁、辅助墩、过渡墩、引桥桥墩	日常养护	预防养护	修复养护	修复养护、加固、改造	改造
D	斜拉索、吊索、悬索桥缆索体系（除主缆外）；箱梁体外索；柔性系杆；阻尼器；支座、伸缩装置等	日常养护	预防养护	修复养护、更换	修复养护、更换	更换、改造
E	桥面铺装、栏杆；分离式防船撞设施、耐久性防护措施、检修通道及其他附属设施	日常养护	预防养护	修复养护、更换、改造	修复养护、更换、改造	更换、改造

条文说明

　　跨海桥梁在检查评定完成后，综合考虑部件的重要性和可更换性，根据技术状况类别确定养护对策。对技术状况类别为 1 类的部件以日常养护为主，其中 A、B 类部件，有必要时采取预防养护措施，以达到修复轻微病害、防止损伤持续发展的目的；对技术状况类别为 2 类的部件以预防养护为主，其中 A、B 类部件，有必要时采取修复养护措施；对技术状况类别为 3 类的部件主要以修复养护为主，其中 D、E 类部件，考虑进行更换、改造；对技术状况类别为 4 类的部件在修复养护基础上，结合其可更换性，考虑采用加固、改造、更换等方式进行维修；对技术状况类别为 5 类的部件主要采用改造、更换方式进行养护。

5.3.3 对适应性不满足要求的跨海桥梁，可采取提高承载力、恢复耐久性、进行结构防护等措施。

5.3.4 跨海桥梁结构出现异常或突发事件发生后，应全面检查桥梁各构件的受损情况，并及时对事件过程监测数据进行提取和分析，科学制定处置对策。

6 养护规划与手册

6.1 一般规定

6.1.1 养护规划应在保证桥梁性能满足要求的前提下，按全寿命周期理念和经济、环境、社会成本最低为原则编制。

6.1.2 跨海桥梁中长期养护规划的规划期宜按 20～30 年，短期规划的规划期宜按 5～10 年。

6.1.3 跨海桥梁养护规划和养护手册编制前，应对桥梁现状进行详细调查分析，并在前期检查评定基础上开展。

6.1.4 跨海桥梁养护手册编制应参照养护规划，根据桥梁结构特点和运营环境，结合养护需求开展。

6.1.5 跨海桥梁应在养护规划的指导下开展养护工作，细化养护工作内容，合理安排养护资金。

6.2 养护规划

6.2.1 养护规划宜包括下列内容：
1 跨海桥梁工程背景、基本状况和运营养护的特点、重点与难点；
2 养护目标和指标；
3 养护规划的编制依据；
4 养护体系和养护队伍建设；
5 规划期内跨海桥梁交通流量的分析和预测；
6 跨海桥梁风险事件评定与应急管理；
7 规划期内跨海桥梁主体结构的养护方案；
8 规划期内跨海桥梁机电系统的维护与升级；
9 规划期内跨海桥梁管养辅助系统的升级；

10 规划期内跨海桥梁科研工作；
11 规划期内跨海桥梁养护投资估算。

6.2.2 跨海桥梁养护规划修订宜按 5 年作为一个周期。

6.2.3 当出现下列情况之一时，应及时修订养护规划：
1 国家、行业或地方法律法规和相关规范发生变化，导致养护规划的部分内容与之不符。
2 养护管理目标发生较大变化，养护管理或技术水平提高，导致原有养护规划不满足新需要。
3 桥梁的运营环境发生重大变化。
4 重大养护工程实施后，桥梁性能发生重大变化。
5 检测结果显示桥梁技术状况发生重大变化或劣化加速。
6 管理单位、管理模式发生改变。
7 实际交通量超过原设计交通量。

6.2.4 跨海桥梁养护规划修订应根据检查、监测、现场暴露试验、理论分析、性能评定结果，在对桥梁受力性能、工作行为、损伤特点和劣化特征进行综合分析、研判基础上开展。

6.3 养护手册

6.3.1 养护手册宜包括下列内容：
1 跨海桥梁工程概况、建设技术标准、运营环境和结构特点等；
2 养护采用的标准和规范；
3 养护管理制度；
4 跨海桥梁工程各结构构件信息；
5 跨海桥梁工程各结构构件养护细则；
6 跨海桥梁工程评定标准；
7 跨海桥梁工程养护档案管理标准。

6.3.2 养护手册每 5 年宜修订一次；当出现下列情况时，应及时进行修订：
1 国家、行业或地方法律法规和相关规范发生变化。
2 管理单位养护管理目标发生变化。
3 养护技术水平提高，原有养护手册中的内容不再适用。
4 桥梁构件的养护要求发生改变。

5 桥梁的交通流量较大变化。

6 桥梁构件技术状况等级发生变化。

7 桥位处、各年度的最高和最低有效温度标准值、平均湿度、风荷载标准值、氯离子浓度发生较大变化。

8 检查和维修完成后,桥梁养护工程师认为有必要更新时。

7 养护工程设计

7.1 一般规定

7.1.1 跨海桥梁应在检查、监测、评定、病害复查、分析诊断、养护对策选择的基础上开展养护方案比选和养护工程设计。

7.1.2 跨海桥梁养护工程设计应遵循下列原则：
1 安全、耐久、经济、环保、可实施。
2 应考虑交通状况、桥梁结构、材料、施工、荷载、气候、环境等方面因素，根据评定结果，经过综合比选及评审后，合理确定养护设计方案。
3 对可能引起桥梁或构件气动外形较大改变或整体刚度变化的养护措施应进行抗风安全评估。
4 宜针对不同病害的分布特点进行分段、分类设计。
5 应开展交通组织设计，降低养护施工对交通影响。

7.1.3 跨海桥梁养护工程设计标准除应符合现行《公路工程技术标准》（JTG B01）规定外，尚应符合下列规定：
1 预防养护工程设计标准应根据养护目标合理确定。
2 修复养护工程设计标准应不低于桥梁原设计标准。
3 应急养护工程设计标准应根据桥梁结构安全和通行安全的目标合理确定。
4 维修加固与承载力提升应符合现行《公路桥梁加固设计规范》（JTG/T J22）的规定。
5 新增构件、机电设施与涉及结构安全和交通安全的养护工程设计，宜按现行标准执行。

条文说明

养护工程设计标准按现行《公路工程技术标准》（JTG B01）要求执行，但预防养护标准结合交通荷载状况、桥梁现状和选用的技术措施等合理选择。

在不改变结构的情况下，综合考虑养护工程的经济性、可靠性、社会影响等，维持桥梁原设计标准较为合理。考虑到跨海桥梁在条件允许情况下采用新技术标准更符合行业发展水平，因此本条文作了修复养护设计不低于桥梁原设计标准的规定，为设计者提供了选择的空间。

考虑到结构安全和交通安全影响到人民群众的生命和财产安全，因此本规范对维修加固、承载力提升、涉及结构安全和交通安全的新增结构、耐久性提升和不同专业的设计标准作出了差异化的规定，要求按现行标准执行。

7.1.4 跨海桥梁养护工程设计使用年限应符合下列要求：
1 预防养护设计根据交通荷载等级、桥梁状况、资金计划和选用的技术措施等因素合理选择。
2 修复养护设计在维持原结构使用年限时以原设计为标准；提升原设计使用年限时应根据交通荷载等级、设计标准、耐久性防护措施合理确定。
3 应急养护设计以完成永久性处治为截止期限。

7.1.5 跨海桥梁养护工程设计阶段划分应符合下列要求：
1 跨海桥梁养护工程宜采用一阶段施工图设计。
2 技术特别复杂的养护工程，可采用技术设计和施工图设计两阶段设计。
3 应急养护工程和技术简单的养护工程，可按技术方案组织实施。

条文说明

《公路养护工程管理办法》（交公路发〔2018〕33号）第二十七条规定，养护工程一般采用一阶段施工图设计。技术特别复杂的，可以采用技术设计和施工图设计两阶段设计。应急养护和技术简单的养护工程可以按照技术方案组织实施。

技术复杂的养护工程主要包括下列情况：
（1）施工条件恶劣，施工措施复杂。
（2）应用四新技术。
（3）重要构件维修、加固或更换。如更换缆索体系，柔性系杆，塔梁间的大型阻尼器，新型桥面铺装或全部桥面铺装，主桥支座或伸缩装置。
（4）新增构件或附属设施，如增设防车撞、船撞设施。
（5）改变桥梁气动外形或结构体系。

7.1.6 跨海桥梁养护工程设计方案综合比选宜考虑下列因素：
1 方案的可行性、施工风险、施工难易程度、质量控制水平、工期、施工效果等。
2 方案的经济性，如设计预算、设计年限、后期养护费用等。
3 对交通的影响程度、交通组织方案和复杂程度等。
4 资源节约情况和环境保护措施、投入、效果预测等。

7.1.7 跨海桥梁养护工程设计时，应同步开展交通组织设计，保障养护工程实施期间的结构安全、通行安全和施工作业安全。

条文说明

交通组织和作业安全作为公路养护工程特有的工作内容，对跨海桥梁养护工程实施期间的交通运营保障和施工期安全具有非常重要的意义。因此本规范要求针对该项工作开展交通组织设计。

7.1.8 跨海桥梁的养护工程设计应充分考虑整体性和系统性，并对技术要求、材料性能、主要施工工艺、质量验收标准等作出相应规定。

条文说明

养护工程设计所采用的材料、工艺要求及相关设计指标，是保证养护工程施工质量的重要参数。在养护工程设计阶段明确相关技术要求，以保证养护工程的实施效果。

7.1.9 修复养护、专项养护工程实施后，相应工程部位的桥梁构件技术状况应满足养护工程设计文件要求。

7.2 预防养护设计

7.2.1 跨海桥梁预防养护设计应包括对各类部件、构件的材料性能和结构性能的主动防护、改善。

7.2.2 预防养护目标应符合下列规定：
1 维持桥梁良好的使用功能，延缓桥梁使用性能的衰减，防止桥梁病害出现或病害进一步发展。
2 延缓大中修，减少或延迟桥梁修复养护工作。

7.2.3 预防养护设计应遵循下列原则：
1 预防为主，防治结合。
2 不损伤原结构受力性能，不降低原结构耐久性能。
3 经济适用。

7.3 修复养护设计

7.3.1 跨海桥梁修复养护设计包括下列内容：
1 桥梁功能性、结构性修复与加固、改造。
2 桥梁安全防护设施、桥梁附属设施的功能恢复、完善或增设。

7.3.2 修复养护应以功能性、结构性修复、耐久性恢复或提升为设计目标。

7.3.3 修复养护设计应充分考虑结构现状、修复措施对原结构及耐久性的影响。

7.3.4 跨海桥梁修复养护设计中有关耐久性恢复或提升内容宜符合下列规定：
1 宜根据结构特点、技术状况与耐久性评定结果、修复养护设计使用年限，合理选择耐久性恢复或提升方案。
2 宜综合考虑初始耐久性成本和使用期维护成本、剩余目标使用年限，确定耐久性恢复或提升方案及使用期的养护对策。
3 对环境作用与抗力参数的不确定性及劣化规律的模型误差，宜通过检测和结构使用期间的长期监测来逐步校准和消除。

7.4 应急养护设计

7.4.1 跨海桥梁应急养护设计包括下列内容：
1 自然灾害或突发事件造成损毁、损伤后的应急措施或技术方案。
2 特殊通行要求下的安全保通措施、技术方案或施工图设计。
3 针对较大安全隐患或在应急抢通条件下开展的施工图设计。

7.4.2 应急养护应以保障桥梁结构安全，最快速度恢复桥梁安全通行能力为目标。

7.4.3 应急养护设计应遵循下列原则：
1 临时处治设计兼顾永久性处治设计。
2 方便、快捷，便于快速组织实施。
3 宜采用制式器材，无条件时可采用就便器材。
4 应充分考虑应急处治的施工可行性和安全风险，有针对性地提出安全监测及应急预案的相关要求。

8 养护作业

8.1 一般规定

8.1.1 跨海桥梁养护作业应遵循安全、高效、节能环保、文明施工的原则。

8.1.2 跨海桥梁日常养护可按养护手册及成熟的工艺流程实施。

8.1.3 跨海桥梁养护施工应依据设计文件和相关标准编制施工组织设计，包括交通组织方案和安全应急预案。

8.1.4 应明确养护工程质量检验评定标准，主要施工材料的各项性能指标应满足相关标准和设计文件的要求。

8.1.5 应保证桥梁结构安全，不得因施工措施失当而造成构件损伤，不得随意改变桥梁气动外形。

8.1.6 跨海桥梁养护施工应符合现行《公路养护安全作业规程》（JTG H30）的有关规定，保证作业安全、通行安全和环境安全。

8.1.7 跨海桥梁养护施工应充分考虑高空、海上等高危情况下的临时施工措施和安全防护措施。

8.1.8 宜综合施工时机、施工路段、交通组织等因素开展集中养护作业。养护作业宜采用机械化、自动化、智能化的方式。

8.2 日常养护

8.2.1 跨海桥梁日常保洁应包括下列内容：
1 桥面垃圾、油污及其他杂物的清理；防撞护栏及风障清洗；泄水孔、集水槽、伸缩装置杂物和垃圾的清理。

2 锚碇、塔、梁、锚固系统、支座、检修通道、检修平台、观景台、除湿系统、阻尼器、桥梁检修设备等表面除尘。
3 交通标志和安全设施的灰尘、污垢清洗。
4 清除桥面冰雪。

8.2.2 应根据交通流量、养护等级、地理环境等实际情况确定日常保洁频率。桥面清扫频率不宜少于 2 次/月，桥梁伸缩装置清理不宜少于 1 次/3 月，排水设施清疏不宜少于 6 次/年，其余部位的保洁内容、保洁频率及保洁方式等要求可按本规范附录 F 执行。

8.2.3 跨海桥梁日常保洁应满足下列要求：
1 全线桥面整洁，无明显垃圾和油污。
2 桥梁伸缩装置无明显杂物、垃圾。
3 泄水孔、集水槽等排水设施无杂物、无淤塞。
4 锚碇、塔、梁、锚固系统、支座、检修通道、检修平台、观景台等结构无积尘、无污染、无杂物。除湿系统、阻尼器、桥梁检修设备等表面清洁。
5 交通标志和安全设施表面清洁。

8.2.4 跨海桥梁日常维护保养应符合下列规定：
1 定期对桥梁缆索系统相关构件实施保护性工作，包括补充耗材和更换失效零部件，恢复其功能状态。
2 及时对松动变位的桥梁排水设施进行恢复、固定。
3 及时拧紧已松动的螺栓、补充防撞护栏、伸缩装置、支座等部位缺失的连接螺栓。
4 编制桥梁检修车和钢箱梁除湿系统专项日常维护保养方案，定期添加和更换耗材、检查运行参数、排除系统故障。其维护保养要求可按本规范附录 G 和附录 H 执行。
5 检修电梯应由专业机构依据相关规定实施维护保养工作。

8.2.5 桥梁轻微缺损修补应符合下列要求：
1 桥面铺装出现的局部裂缝、坑槽等轻微病害应及时修复。雨雪季到来前应集中处理所有的桥面铺装病害。
2 桥梁伸缩装置橡胶条、止水带、连接部件等出现松动、脱落、局部破损应及时维修或更换。
3 桥梁钢结构出现的小范围涂层损伤或局部锈蚀，应及时进行修复，其涂装体系和施工工艺应符合相关规定。
4 及时修补混凝土表面轻微缺损和裂缝，并观测裂缝的发展情况。
5 桥梁小型金属构件或零配件损坏后，应在规定的时间内完成修复或更换。

6 防撞护栏局部变形、松动、错位等病害应及时修复或更换。

7 风障、隔离栅、防眩板（网）损坏应及时修复或更换。

8 突起路标、轮廓标、警示桩等设施脱落或损坏应及时完成更换或补装。

9 对影响行车安全的桥面病害，一经发现，应立即采取防护或警示措施，并在规定的时间内完成维修。

8.3 预防养护

8.3.1 桥梁混凝土构件的预防养护应符合下列要求：

1 当混凝土构件出现蜂窝、麻面、剥落、掉角、非结构性裂缝等表层缺陷时，应及时进行修补。

2 应根据修补工程的技术要求、施工条件和结构的使用环境条件，结合材料的力学性能、工艺性能等因素综合分析确定修补材料。混凝土表面缺陷修补可采用有机硅渗透剂及海工混凝土专用涂料，聚合物水泥浆、砂浆或环氧水泥浆、砂浆、防水材料等。

3 新补的混凝土应与原结构结合牢固，表面平整。

4 混凝土表面裂缝可采用表面封闭修补或灌浆法处理。

5 对因混凝土碳化、氯离子侵蚀等因素造成的钢筋锈蚀，可采取涂刷渗透型阻锈剂、表面涂层防护等附加防腐措施阻止锈蚀发展。

8.3.2 桥梁钢结构涂层预防养护应符合下列要求：

1 应符合现行《公路桥涵养护规范》（JTG 5120）、《公路缆索结构体系桥梁养护技术规范》（JTG/T 5122）的有关规定。

2 应根据涂层劣化情况，选择合适的维护性涂装方式。

3 钢结构防腐涂层的预防养护宜与原涂层设计体系相同，采用新的工艺和材料时应论证后实施。

条文说明

桥梁钢结构是指钢塔、钢梁、拉索锚箱、塔内爬梯、钢支座、防撞护栏、检修车等所有以钢材为原料制作的金属构件。

8.3.3 桥梁伸缩装置预防养护应符合下列规定：

1 应及时维护、修补或局部更换伸缩装置的零部件。

2 零部件更换应符合设计要求并在专业人员指导下更换。

8.3.4 桥梁防撞护栏预防养护应符合下列要求：

1 防撞护栏应保持完好顺直、线形流畅、根部无松动、破损、开裂和变形等病害。

2 应及时更换锈蚀严重及因其他原因造成变形或损坏的防撞护栏单元，及时更换锈蚀的护栏连接件。

3 应对钢护栏进行定期涂装防护，涂装时机应根据护栏类型、所处腐蚀环境类型、锈蚀程度、原涂层防护体系要求综合确定。

8.3.5 桥梁支座预防养护应符合下列规定：

1 滑板支座、盆式橡胶支座的防尘罩应维护完好，出现破损时，应及时修补或拆除更换。

2 应定期对钢支座进行除锈防腐，及时拧紧钢支座连接螺栓。

3 支座出现偏位、偏压、剪切变形过大等承压不均匀时，应采取处理措施，满足结构受力要求。

4 支座出现扭曲、开裂、外鼓、位移超限等病害时，经鉴定影响使用功能的，应予以修正或更换。

8.3.6 桥梁基础局部冲蚀的预防养护应符合下列规定：

1 跨海桥梁应周期性地进行海床扫测检查，重点监测桥梁基础附近的冲刷情况，当基础冲刷超出设计范围或冲刷变化趋势明显加剧时，应立即采取措施阻止冲刷继续发展。

2 基础冲蚀防护措施应结合基础冲蚀程度、水文条件、地质状况、基础形式等因素综合确定。

8.4 修复养护

8.4.1 桥面系修复养护应符合下列规定：

1 桥面铺装的维修应满足现行《公路沥青路面养护技术规范》（JTG 5142）和《公路水泥混凝土路面养护技术规范》（JTJ 073.1）的相关技术要求。

2 应根据设计文件制订桥面铺装修复专项施工方案，经技术评审后实施。

3 沥青混凝土桥面铺装维修应避开雨季施工，否则，应在施工现场搭设防雨设施。

4 钢桥面铺装修复养护施工不得损坏原结构的防腐涂装和防水结构层。

5 防撞护栏修复与更换应满足设计文件对材料和防撞等级的要求，必要时可试验验证。

6 排水系统和风屏障更换应满足设计标准。

7 伸缩装置更换应满足下列要求：

1）新伸缩装置的构造、材料和极限伸缩量应满足设计要求。

2）宜选择气温相对稳定的时间段安装伸缩装置。

3）根据安装时段的环境温度确定新装伸缩装置的开口量。

4）应严格控制高程，保持伸缩装置与行车道衔接平顺。

8.4.2 梁桥上部结构修复养护应符合下列规定：

1 混凝土主梁及桥面板维修或加固方案、使用的材料应符合设计要求。

2 混凝土表层缺陷修复前应凿除松散的混凝土，并对裸露的钢筋进行除锈和防腐处理。

3 主梁采用增大截面、粘贴钢板、体外预应力或纤维复合材料加固时，应按现行《公路桥梁加固施工技术规范》（JTG/T J23）执行。

4 支座更换应满足下列要求：

1) 新支座的构造、尺寸及安装位置应符合设计要求。

2) 支座更换的次序，顶、落梁的位移量及工序应严格按既定方案执行。

3) 根据环境温度确定支座安装的偏移量。

4) 根据新旧支座的高度差，调整支座安装位置，保证梁体与桥面的高程符合设计要求。

条文说明

本条是对钢筋混凝土梁桥和预应力混凝土梁桥的规定。

8.4.3 斜拉桥上部结构修复养护应符合下列规定：

1 及时更换已损坏的拉索减振器，拉索发生异常振动时，应查明原因并及时处理。

2 当索力变化超过容许值时，应按设计要求调整索力。应根据设计要求编制详细的索力调整方案。

3 斜拉索防护体系出现裂纹、破损、老化或积水时应及时修复。

4 斜拉索锚固系统出现渗水、积水、腐蚀、开裂等情况应及时修复，必要时应更换。

5 斜拉索更换施工应满足下列要求：

1) 斜拉索更换前应对全桥梁、塔、索进行全面测量，包括主梁的线形标高、塔的偏移、拉索长度等。

2) 斜拉索更换前应对主梁、索塔及斜拉索的缺陷复查，并根据需要先对主要控制构件出现的缺陷进行维修和加固。

3) 严格按设计或施工监控给定的换索顺序施工，并对换索过程进行结构分析计算，将结构内力控制在允许范围内。

4) 斜拉索更换过程应对主梁、索、塔进行连续监控，监控要求按现行《公路桥梁加固施工技术规范》（JTG/T J23）执行。

5) 斜拉索更换完成后应根据设计要求测定全桥拉索的索力及主梁高程。

6 钢锚箱裂缝的修复应按现行《公路钢结构桥梁设计规范》（JTG D64）进行验算，根据验算结果和裂缝位置等情况，可采用钻孔止裂法、钢板补强法及裂缝焊合法等方法进行加固。

7 钢索塔防腐涂层损坏、螺栓出现松动等病害时，应按现行《公路桥涵养护规范》（JTG 5120）相关规定执行。

8 混凝土索塔修复养护，可按本规范第8.4.2条的规定执行。

8.4.4 悬索桥上部结构修复养护应符合下列规定：
1 主缆系统维修前应对主缆、索鞍、索夹、加劲梁进行全面检查，记录缺陷情况。
2 修复主缆防护系统之前，应观察主缆钢丝是否锈蚀，如果主缆钢丝存在锈蚀情况，则先进行除锈。
3 有除湿系统防腐的主缆，当除湿机运行异常或系统存在漏气部位时，应及时进行维修或更换。
4 当主缆钢丝腐蚀严重、索股间受力偏差较大、索鞍位置发生偏移、索夹位置滑移等病害发生时，应依据设计要求编制专项施工方案，实施维修加固。
5 吊索更换宜逐根进行，更换时应对索长和索力进行双控，应按现行《公路缆索结构体系桥梁养护技术规范》（JTG/T 5122）执行。
6 吊索保护套管穿透性开裂或钢丝锈蚀病害时，应先采取临时性防蚀措施，再进行相应的评估、鉴定和维修。
7 索夹对接缝隙处、索夹两侧与主缆接触的缝隙处、加劲梁上吊索防护筒内、吊索夹具内防锈封闭材料破损应及时修复或更换。
8 吊索止水密封圈、防雨罩等老化、开裂、破损应及时修补、更换，并将受损的填封料清除干净，重新填封。
9 钢索塔修复养护，可按本规范第8.4.6条的规定执行。
10 混凝土索塔修复养护，可按本规范第8.4.2条的规定执行。

8.4.5 拱桥上部结构修复养护应满足下列要求：
1 对钢构件涂层脱落及锈蚀，应根据锈蚀程度进行补涂装，涂装体系应满足现行《公路桥梁钢结构防腐涂装技术条件》（JT/T 722）的相关要求。
2 钢管混凝土拱桥管内空洞的修复养护应符合下列规定：
1）检查钢管混凝土管内空洞时，选择在夏季高温时段进行。
2）发现钢管混凝土结构存在管内混凝土空洞时，选择压浆等方法及时处理。
3）压浆使用的灌浆料应为无收缩材料，压浆应自下而上进行。
4）压浆后采用超声波进行检测，满足要求后复原封口，打磨平整，恢复原有涂装。
3 拱桥吊杆的修复养护应符合下列规定：
1）对吊杆防护破损应及时进行修复，修复方法可采用热融法、缠裹法等。
2）吊杆更换前应进行专题研究和论证，制订专项施工方案。
3）吊杆更换完成后，对所有吊杆的拉力进行重新检测。
4）更换完成后注意锚固段、锚头的防排水。

条文说明

拱桥的类型很多，但对跨海桥梁而言，更多地会选择跨越能力较强的钢拱桥或钢管混凝土拱桥，因此，本条只针对钢拱桥和钢管混凝土拱桥修复养护提出要求。

8.4.6 钢结构桥梁的修复养护应符合下列规定：

1 钢结构桥梁涂装大范围修复或重涂工程应按设计要求确定涂装体系、控制涂装材料的各项指标。

2 涂装施工工艺和施工环境指标应满足设计要求和相关标准。

3 钢结构维修加固方案和施工材料应满足设计要求。

4 连接构件的高强螺栓应保持设计要求的预紧力。

5 钢箱梁疲劳裂纹维修前应进行专题研究和论证，制订专项方案和施工工艺。

6 钢箱梁疲劳裂纹维修可采用气动冲击、钻孔止裂、补焊法、补强加固等方法，必要时可综合使用多种技术。

7 疲劳裂纹修复完成后，应及时对破坏的涂装体系进行修复，涂装修复标准应不低于原涂装标准。

条文说明

钢结构桥梁主梁结构形式包括钢箱梁和钢桁梁，公路跨海桥梁以钢箱梁为主，故本条文以钢箱梁主要病害修复养护进行描述。钢箱梁在运营过程中主要病害包括涂装病害和疲劳裂纹。疲劳裂纹修复的各项技术适用条件如下：

（1）气动冲击法通常用于钢板厚度不小于4mm，材料屈服强度不大于620MPa的部位。对沿焊缝或母材扩展的短裂纹，可以采用气动冲击法进行维修处理。

（2）钻孔止裂技术可以应用于尖端在母材上的疲劳裂纹。对扩展能力较强的裂纹，要与其他维护方法组合使用，可以先在裂纹尖端钻孔再采用粘贴钢板或螺栓加固进行维修处理。

（3）补焊法一般适用于采用气动冲击法和钻孔法维护后仍继续扩展且疲劳裂纹长度大于150mm的裂纹。补焊法适用于未贯穿板厚的疲劳裂纹。

（4）补强加固技术适用于长裂纹。如顶板U肋长裂纹，考虑采用粘贴钢板或其他材料加固补强。

8.4.7 桥梁下部结构、基础修复养护应符合下列规定：

1 依据设计文件编制桥梁下部结构和基础维修加固施工方案。

2 桥梁下部结构维修作业时，应设置安全通道和作业平台，采取必要的防护措施，保证施工安全。

3 桥梁墩台混凝土修复养护，可按本规范第8.4.2条的规定执行。

4 基础、承台等开挖基坑施工时，应尽量控制开挖范围，深基坑开挖应编制专项施工方案，采取临时支撑、注浆帷幕等方式稳定周边土体。水下施工部分宜采用围堰法。

5 基础冲刷过深或基础局部掏空等病害，可抛石填补冲空部分。基础周围被冲空范围较大时，除填补基底被冲空部分外，基础四周应采取防护措施。

6 桥梁基础维修加固可依据设计采用墩台扩大基础法、增补桩基法、地基注浆法等措施，可按现行《公路桥梁加固施工技术规范》（JTG/T J23）执行。

8.4.8 锚碇修复养护应符合下列规定：

1 锚碇混凝土剥落、开裂、露筋等病害，其修复措施可按现行《公路缆索结构体系桥梁养护技术规范》（JTG/T 5122）执行。

2 锚室渗水病害应根据其成因，采取相应取疏导与封堵措施。必要时，可在锚室外周边布置永久的外部截水系统。

3 锚碇维修加固施工方案应依据设计要求确定，其他施工要求可按本规范第8.4.2条的规定执行。

8.4.9 附属设施修复养护应满足下列要求：

1 检修通道部件的修复养护标准应不低于原设计要求。

2 除湿系统出现下列故障时，应由专业人员进行修复：

1）除湿系统使用过程中，出现湿度超过设计限值或设备停机等状况。

2）除湿系统故障灯闪亮或发出其他报警信号。

3 当阴极保护系统出现下列状况时，应由专业人员进行维修：

1）阴极保护系统的参比电极、金属阳极网条、导电网、正极电接头、负极电接头、电导线等部件出现损坏或失效。

2）阴极保护系统的控制系统、遥控监控管理系统等出现异常。

3）寿命期内极化电位差小于阈值。

4 防雷设施若出现部件失效或损坏，应由专业人员进行修复或更换，除应按原设计标准执行外，还应符合现行《桥梁防雷技术规范》（GB/T 31067）和《建筑物防雷设计规范》（GB 50057）的规定。

5 防船撞设施部件出现损坏、老化等导致防护能力降低时，应及时进行更换或维修。防船撞设施遭受船舶碰撞后，根据受损情况，应及采取局部维修、拆卸修复或更换部分节段等方式进行修复。

6 主梁检修车存在下列问题时，应进行修复养护：

1）检查中发现检修车主体钢结构存在焊缝开裂、螺栓松动、构件变形等病害。

2）检修车不能正常开启及运转，电动机、减速箱、电控系统发生故障。

7 工作电梯或观光电梯部件、控制系统及配套构件出现异常或损坏时，应由专业人员进行修复。

条文说明

阴极保护系统修复养护需根据检测结果、不同结构位置和不同腐蚀环境（海浪、大气和是否长期浸泡）分区进行。

跨海桥梁附属设施主要包括：检修通道、除湿系统、阴极保护系统、防雷设施、防船撞设施、主梁检修车、工作（观光）电梯等。

为了方便跨海桥梁的检查与维护，必要时考虑在养护阶段增设检修通道，并做好日常养护工作，保证维护检修人员的作业安全。

8.5 应急养护

8.5.1 自然灾害或特殊事件发生后，应根据检测评估结果进行处置。

条文说明

自然灾害主要包括：地震、海啸、台风、暴风雨、雷击、冰冻及其他恶劣天气等。

特殊事件主要包括：船撞、漂浮物撞击、车祸等事故，危化品运输车辆泄露、爆炸等突发事件等。

8.5.2 桥梁遇到地震灾害后，应根据桥梁特殊检查与损伤评估结果确定部件受损情况，并尽快处理。

条文说明

地震过后要重点检查桥梁支座、伸缩装置、梁体的跨中、横梁及横向联系部位、墩帽与墩身连接处、承台与桩基连接处、墩塔及梁体截面突变处等部位。

8.5.3 台风灾害应对措施应符合下列规定：
1 气象部门发出台风预警后，应立即清理桥面临时设施、堆积物等，确保桥梁气动外形与原设计保持一致。
2 台风过境中应充分发挥结构监测系统的作用，实时监测环境荷载和结构变化，及时采取应对措施，减轻台风对桥梁结构造成的损坏。
3 台风过后应根据桥梁特殊检查与损伤评估结果，及时处理相关病害。

8.5.4 海水浸泡过后，应根据桥梁各构件检查结果，对浸水的关键构件和易损构件，应采取淡水冲洗等方式减轻海水腐蚀；对灾害造成的结构损伤，应进行深入检查和全面评估，并采取相应措施处置。

8.5.5 极端恶劣天气应对措施应符合的规定：
1 暴风雨、暴雪过后，应尽快清理桥面积水、积雪，并检查桥上标志牌、照明、通信、航空灯、避雷设施等是否受损，并根据受损情况进行维修或更换。
2 冬季来临前应针对桥梁特点、设备条件和降雪量大小制订除雪方案，不得使用氯盐类融雪剂。

8.5.6 冰冻灾害应对措施应符合下列规定：
1 及时检查桥墩、承台等部位的海冰堆积情况，必要时可采取破冰措施。
2 冰冻灾害过后，应根据检测评定结果，结合暴露试验站数据及时处理病害。

8.5.7 爆炸、火灾及危化品污染应对措施应符合下列规定：
1 危化品运输车辆发生意外事故引起危化品泄漏、爆炸或火灾时，应立即启动应急预案，并采取措施防止危化品扩散。
2 事故发生后，应根据桥梁特殊检查与损伤评估结果，采取相应处置措施。
3 应重点关注化学品、火灾等对桥面的损伤，及时清理桥面残留化学品，并处理损伤，避免桥面进一步损坏。

8.5.8 船舶、漂浮物或车辆撞击应对措施应符合下列规定：
1 船舶、漂浮物撞击桥梁后，应根据桥梁特殊检查与损伤评估结果采取相应补强措施进行处理。
2 车辆撞击事故发生后，应根据车祸涉及桥梁部位的损伤程度及时采取相应处置措施。

9 技术管理

9.1 一般规定

9.1.1 跨海桥梁养护技术管理应符合现行《公路桥涵养护规范》(JTG 5120)的规定,并贯彻养护规划、养护手册要求。

9.1.2 跨海桥梁养护技术管理应包括技术方案管理、技术档案管理、数据管理与信息化等内容。

9.1.3 宜对养护施工效果进行观察记录和总结。

9.1.4 跨海桥梁应建立养护数据库,记录、管理养护全过程数据并定期更新。

9.1.5 跨海桥梁应建立信息化管理系统,并实现多系统融合。

条文说明

本条的目的是通过信息化管理系统将传统检测、结构监测系统以及养护管理、安全运营、综合办公等系统相互联通融合,实现病害监控、精细管理和科学决策。

9.2 技术方案管理

9.2.1 涉及跨海桥梁结构安全、养护作业安全、桥梁运行安全的养护技术方案应充分考虑原设计要求。

9.3 技术档案管理

9.3.1 跨海桥梁养护应按"一桥一档"要求建立桥梁养护技术档案。

条文说明

《公路长大桥隧养护管理和安全运行若干规定》(交公路发〔2018〕35号)第二十四

条规定，长大桥隧经营管理单位应当按"一桥一档""一隧一档"建立长大桥隧技术档案，内容包括长大桥隧基本情况、养护巡查检查记录、技术状况、维修加固等以及其他归档制度要求的资料，做到内容完整、更新及时、方便使用。

9.3.2 跨海桥梁技术档案资料宜逐步实现数字化存储与管理，并科学分析、利用养护数据。

条文说明

技术资料管理作为桥梁养护管理的重要组成部分，是桥梁状况可追溯性的前提，要予以高度重视。跨海桥梁的养护资料很多，尤其是安装了结构监控系统后其监测数据数量非常庞大，不可能都打印出来作为纸质文档保存。因此，跨海桥梁的技术资料管理采用纸质档案与电子档案相结合的方式，即需要相关人员或单位签章的文件同时采用纸质档案和电子档案，其他文件采用电子档案。

9.3.3 跨海桥梁技术档案宜包括建养交接资料、桥梁基础资料、检查与评定资料、养护维修资料和养护过程中的其他资料。

9.3.4 跨海桥梁的建养交接资料宜包括下列内容：
1 工程交、竣工资料；
2 建设阶段对运营期养护的要求；
3 建设期间的四新技术、耐久性研究方面的成套技术资料和成果；
4 建设期各类信息化软件及数据，设计、施工监控的有限元模型和BIM模型等。

9.3.5 桥梁基础资料宜包括下列内容：
1 桥梁设计施工图及竣工图，结构计算分析报告；
2 施工过程中的试验检测及科研资料；
3 工程事故处理资料；
4 施工全过程的结构位移和变形测试资料；
5 观测或监测点资料；
6 交工、竣工验收资料。

9.3.6 桥梁检查与评定资料宜包括桥梁初始检查结果、日常巡查记录、经常检查结果、定期检查结果、特殊检查报告、养护对策、养护计划、交通量统计等技术资料，以及检查的时间、实施人员，照片及多媒体材料等资料。

9.3.7 桥梁养护维修资料应包括养护工程设计文件、竣工图纸、施工资料、监理资料、监测资料、养护质量评定资料、质量事故处理报告、交工竣工验收等资料。

9.3.8 桥梁其他资料可包括自然灾害、超限运输、灾害事故等特殊事件的具体情况、损害程度、应急措施、处治方案和结果等。

9.3.9 对斜拉桥、悬索桥、大跨径梁桥应记录并保留主梁、主塔、主缆、拉索及吊杆等部件的气动外形、气动措施资料。在养护过程中应记录构件外形改变情况，评估气动参数是否发生改变，应对发生气动响应的全过程监测，并采集、记录、分析数据。

条文说明

  影响结构空气动力稳定性的主要因素包括结构总体外形比例如宽高比、宽度和跨径之比等，结构刚度，截面外形如主塔倒角、流线型主梁等，缆索体系的表面形状、内外置阻尼器、索间抑振连接索等，部分桥上临时设施也可能会对桥梁空气动力稳定性造成一定影响。

  桥梁涡振是一种兼有自激振动和强迫振动特性的有限振幅振动，引起桥梁涡振不在于风力多大，而是一种共振效应。涡激振动和气流之间会相互制衡，涡振振幅不会无限增大，因此很少会造成结构的彻底损坏。

  虽然涡振不会导致桥梁倒塌，但摆动的桥体容易让人产生晕眩感，存在着较大交通安全隐患。另外，如果振动发生的频率高，可能会导致桥上杆件出现裂纹或疲劳破坏。

  一般情况下，内陆地区特殊结构桥梁的异常振动情况较为少见，因此结合以往事例，本规范建议对斜拉桥、悬索桥和大跨径的梁式桥保留气动外形资料，有助于分析跨海桥梁的异常状况。

9.4 数据管理与信息化

9.4.1 跨海桥梁数据管理宜包括对建设期和养护期全过程、全类型的数据管理。

9.4.2 跨海桥梁应建立基于数据库的数据存储机制，支持养护数据的存储与管理，以及养护期各项工作、各相关方和各专业之间的数据交互。

9.4.3 跨海桥梁宜在建设期信息模型的基础上建立养护阶段信息模型。

9.4.4 跨海桥梁养护宜采用养护信息模型或养护管理系统进行过程管理，运用信息化采集手段开展检查、养护工作，采集的数据应及时输入数据库，保存完整、齐全。

9.4.5 应将桥梁评定结果及时录入数据库。

条文说明

由于跨海桥梁的管理比较复杂，因此需要引入桥梁养护数据库，以辅助养护人员对桥梁进行高效的管理。切实做好桥梁数据库的使用、维护工作，及时更新检查、维修、加固改造或重建情况，以保证桥涵数据库中数据的及时性和有效性。

附录 A 跨海桥梁暴露试验站建设要求

A.1 试验站选址与使用年限

A.1.1 暴露试验站所处的环境条件应与桥梁主体结构基本相同，并具有充分的代表性。

A.1.2 暴露试验站应建设在方便取样放样和维护管理的地点。

A.1.3 在规划阶段，应明确暴露试验站的设计使用年限。

A.2 试验分区

A.2.1 根据海洋环境下海水腐蚀特点，暴露试件宜摆放在大气区、浪溅区、水位变动区和水下区等 4 个区域。

A.2.2 应依据试验站所在位置的海洋天文潮水位确定大气区、浪溅区、水位变动区和水下区的高程。

A.3 试验站结构

A.3.1 试验站结构应满足下列要求：
1 暴露试验站建筑物应避免对桥梁整体景观或局部景观造成不利影响，四周应设置栏杆等围挡措施，并设置梯级踏步供人员到达。
2 暴露试验站主体结构宜采用钢筋混凝土结构，其承载能力应满足相关要求。
3 放置试件的平台应设置必要的人行通道和防护结构，以保证操作人员的人身安全。
4 应采取必要的措施，将试件固定在试验平台上，避免在恶劣气候条件下造成试件的丢失和损伤。

A.3.2 暴露试验站结构耐久性指标应满足设计要求。

A.3.3 暴露试验站内部附属设施，如钢筋护栏、钢筋网片、钢筋支架等钢构件，均应采用适应海洋环境的不锈钢材料，并配套进行防腐涂装。

A.3.4 可在暴露试验站主体结构的浪溅区设置腐蚀监测系统，采集混凝土结构耐久性信息，为暴露试验站主体结构耐久性评定提供参考。

A.4 暴露试验方案

A.4.1 暴露试验内容宜包括混凝土暴露试验和钢结构暴露试验两个部分，也可根据项目的具体情况增设其他试验内容。

A.4.2 暴露试件的类型应包括力学性能试件、氯盐渗透试件和防腐试件等，也可根据项目具体情况增设其他试件类型。

A.4.3 混凝土暴露试件应采用与桥梁构件相同的混凝土材料，并按与现场相同的工艺进行养护。

A.4.4 钢挂片试件应采用与桥梁钢构件相同的材质，其加工工艺和涂装体系也应与桥梁实体构件相同。

A.4.5 应根据跨海桥梁项目的结构特点和设计使用寿命确定暴露试件的数量和取样龄期。

附录 B 桥梁初始检查记录表

表 B 桥梁初始检查记录表

公路管理机构名称：					
1 路线编号		2 路线名称		3 桥位桩号	
4 桥梁编号		5 桥梁名称		6 被跨越航道（通道）名称	
7 被跨越航道（通道）等级		8 防撞设施设置及类型		9 环境类别（根据设计规范）	
10 桥梁全长（m）		11 最大跨径（m）		12 养护检查等级	
13 上、下部结构形式					
14 桥梁分联及跨径组合					
15 桥梁施工方法					
16 结构采用四新技术或特殊设计情况					
17 新建桥梁在施工过程中的返工、维修或加固情况					
18 桥梁交（竣）工验收阶段主要缺陷及整改情况					
19 附加防腐设施及其初始状态					
20 加固改造后的桥梁，加固改造情况					
21 设计单位			22 施工单位		
23 管养单位			24 交工时间（ 年 月 日）		
25 初始检查（ 年 月 日）			26 初始检查时的气候及环境温度		
27 永久性观测点设置情况					
28 桥面高程					

续表 B

29 拱轴线	
30 主缆线形	
31 墩、台身、锚碇的高程	
32 墩、台身、索塔倾斜度	
33 索塔水平变位、高程	
34 拱桥桥台、悬索桥锚碇水平位移	
35 悬索桥索夹螺栓紧固力	
36 水中基础	
37 斜拉索或吊杆索力	
38 主要承重构件尺寸	
39 材质强度	
40 保护层厚度	
41 钢管混凝土管内混凝土密实度	
42 耐久性评定单元划分	
43 耐久性初始状态	
44 结构特殊设计部位初始状态	
45 长期观测部位建议	
46 静载试验结论及主要参数实测值	
47 动载试验结果及主要参数实测值	
48 记录人	49 桥梁养护工程师
50 桥梁初始检查机构	

附录 C 桥梁经常检查记录表

表 C 桥梁经常检查记录表

公路管理机构名称：					
1 路线编号		2 路线名称		3 桥位桩号	
4 桥梁编号		5 桥梁名称		6 养护单位	
7 检查目的		定期开展	监测异常	灾害期间	
8 本次检查范围和检查规划					
检查项目		缺损类型		缺损范围	处治建议
9 主梁					
10 主拱圈					
11 拱上建筑					
12 桥（索）塔（含索鞍）					
13 主缆					
14 斜拉索					
15 吊杆					
16 系杆					
17 桥面铺装					
18 伸缩装置					
19 人行道、路缘					
20 栏杆、护栏					
21 标志、标线					
22 排水系统					
23 照明系统					
24 桥台及基础（含冲刷）					
25 桥墩及基础（含冲刷）					
26 锚碇（含散索鞍、锚杆）					
27 支座					
28 翼墙（耳墙、侧墙）					

续表 C

检查项目	缺损类型	缺损范围	处治建议
29 锥坡、护坡			
30 桥路连接处（桥头搭板）			
31 航标、防撞设施			
32 调治构造物			
33 减振装置			
34 检修道			
35 除湿设施			
36 阴极保护			
37 阻尼器			
38 其他			
39 负责人		40 记录人	41 检查日期　年　月　日
42 后续检查范围和检查规划			
43 建议长期跟踪观测/监测部位及原因			

填表说明：检查目的中的"定期开展"指针对全桥开展的经常检查；"监测异常"指针对异常部构件及受其影响的部构件开展的经常检查；"灾害期间"指针对灾害敏感部构件开展的经常检查。

附录 D 桥梁定期检查记录表

表 D-1 桥梁定期检查记录表（梁式桥）

公路管理机构名称：									
1 路线编号			2 路线名称			3 桥位桩号			
4 桥梁编号			5 桥梁名称			6 被跨越道路名称			
7 桥梁全长（m）			8 主跨结构			9 最大跨径（m）			
10 管养单位			11 建成时间			12 上次修复养护时间			
13 上次检查时间			14 本次检查时间			15 本次检查时气候及环境温度			
16 本次检查范围和检查规划									
序号	17 部位	18 部件名称	19 评分	20 缺损				21 养护建议（维修范围、方式、时间）	22 是否需特殊检查
				类型	位置	范围	照片	最不利构件		
（1）	桥面系	桥面铺装								
（2）		伸缩装置								
（3）		排水系统								
（4）		人行道								
（5）		栏杆、护栏								
（6）		照明、标志								
（7）		桥路连接处								
（8）	上部结构	主要承重构件								
（9）		一般构件								
（10）	下部结构	桥墩及基础								
（11）		桥台及基础								
（12）		翼墙、耳墙								
（13）		锥坡、护坡								
（14）		支座								
（15）	附属设施	防撞设施								
（16）		防雷设施								

续表 D-1

序号	17 部位	18 部件名称	19 评分	20 缺损					21 养护建议（维修范围、方式、时间）	22 是否需特殊检查
				类型	位置	范围	照片	最不利构件		
(17)	附属设施	防抛网、声屏障								
(18)		检修设施								
(19)		监测系统、永久观测点								
(20)		除湿设施								
(21)		阴极保护								
(22)		阻尼器								
(23)	调治构造物									
(24)	其他									
23 桥梁技术状况评定等级				24 全桥清洁状况				25 预防及修复养护状况		
26 记录人				27 负责人				28 后续检查范围和检查规划		
29 建议长期跟踪观测/监测部位及原因										

表 D-2 桥梁定期检查记录表（肋拱桥、箱形拱桥）

公路管理机构名称：					
1 路线编号		2 路线名称		3 桥位桩号	
4 桥梁编号		5 桥梁名称		6 被跨越道路名称	
7 桥梁全长（m）		8 主跨结构		9 最大跨径（m）	
10 管养单位		11 建成时间		12 上次修复养护时间	
13 上次检查时间		14 本次检查时间		15 本次检查时气候及环境温度	
16 本次检查范围和检查规划					

序号	17 部位	18 部件名称	19 评分	20 缺损					21 养护建议（维修范围、方式、时间）	22 是否需特殊检查
				类型	位置	范围	照片	最不利构件		
(1)	桥面系	桥面铺装								
(2)		伸缩装置								
(3)		排水系统								
(4)		人行道								

续表 D-2

序号	17 部位	18 部件名称	19 评分	20 缺损					21 养护建议（维修范围、方式、时间）	22 是否需要特殊检查
				类型	位置	范围	照片	最不利构件		
(5)	桥面系	栏杆、护栏								
(6)		照明、标志								
(7)		桥路连接处								
(8)	上部结构	主拱圈								
(9)		拱上结构								
(10)		桥面板								
(11)	下部结构	桥墩及基础								
(12)		桥台及基础								
(13)		翼墙、耳墙								
(14)		锥坡、护坡								
(15)	附属设施	防撞设施								
(16)		防雷设施								
(17)		防抛网、声屏障								
(18)		检修设施								
(19)		监测系统、永久观测点								
(20)		除湿设施								
(21)		阴极保护								
(22)		阻尼器								
(23)	调治构造物									
(24)	其他									
23 桥梁技术状况评定等级				24 全桥清洁状况					25 预防及修复养护状况	
26 记录人				27 负责人					28 后续检查范围和检查规划	
29 建议长期跟踪观测/监测部位及原因										

表 D-3 桥梁定期检查记录表（钢-混凝土组合拱桥）

公路管理机构名称：					
1 路线编号		2 路线名称		3 桥位桩号	
4 桥梁编号		5 桥梁名称		6 被跨越道路名称	
7 桥梁全长（m）		8 主跨结构		9 最大跨径（m）	
10 管养单位		11 建成时间		12 上次修复养护时间	

续表 D-3

13 上次检查时间				14 本次检查时间				15 本次检查时气候及环境温度		
16 本次检查范围和检查规划										

序号	17 部位	18 部件名称	19 评分	20 缺损					21 养护建议（维修范围、方式、时间）	22 是否需特殊检查
				类型	位置	范围	照片	最不利构件		
（1）	桥面系	桥面铺装								
（2）		伸缩装置								
（3）		排水系统								
（4）		人行道								
（5）		栏杆、护栏								
（6）		照明、标志								
（7）		桥路连接处								
（8）	上部结构	拱肋								
（9）		横向联结系								
（10）		吊杆								
（11）		立柱								
（12）		系杆								
（13）		桥面板								
（14）		支座								
（15）	下部结构	桥墩及基础								
（16）		桥台及基础								
（17）		翼墙、耳墙								
（18）		锥坡、护坡								
（19）	附属设施	防撞设施								
（20）		防雷设施								
（21）		防抛网、声屏障								
（22）		检修设施								
（23）		监测系统、永久观测点								
（24）		除湿设施								
（25）		阴极保护								
（26）		阻尼器								
（27）	调治构造物									
（28）	其他									

续表 D-3

23 桥梁技术状况评定等级		24 全桥清洁状况		25 预防及修复养护状况	
26 记录人		27 负责人		28 后续检查范围和检查规划	
29 建议长期跟踪观测/监测部位及原因					

表 D-4　桥梁定期检查记录表（斜拉桥）

公路管理机构名称：					
1 路线编号		2 路线名称		3 桥位桩号	
4 桥梁编号		5 桥梁名称		6 被跨越道路名称	
7 桥梁全长（m）		8 主跨结构		9 最大跨径（m）	
10 管养单位		11 建成时间		12 上次修复养护时间	
13 上次检查时间		14 本次检查时间		15 本次检查时气候及环境温度	
16 本次检查范围和检查规划					

序号	17 部位	18 部件名称	19 评分	20 缺损					21 养护建议（维修范围、方式、时间）	22 是否需特殊检查
				类型	位置	范围	照片	最不利构件		
(1)	桥面系	桥面铺装								
(2)		伸缩装置								
(3)		排水系统								
(4)		人行道								
(5)		栏杆、护栏								
(6)		照明、标志								
(7)		桥路连接处								
(8)	上部结构	主梁								
(9)		斜拉索系统（斜拉索、锚具、拉索护套、减振装置等）								
(10)		索塔								
(11)		支座								

续表 D-4

序号	17 部位	18 部件名称	19 评分	20 缺损					21 养护建议（维修范围、方式、时间）	22 是否需特殊检查
				类型	位置	范围	照片	最不利构件		
(12)	下部结构	桥墩及基础								
(13)		桥台及基础								
(14)		翼墙、耳墙								
(15)		锥坡、护坡								
(16)	附属设施	防撞设施								
(17)		防雷设施								
(18)		防抛网、声屏障								
(19)		检修设施								
(20)		监测系统、永久观测点								
(21)		除湿设施								
(22)		阴极保护								
(23)		阻尼器								
(24)	调治构造物									
(25)	其他									
23 桥梁技术状况评定等级				24 全桥清洁状况				25 预防及修复养护状况		
26 记录人				27 负责人				28 后续检查范围和检查规划		
29 建议长期跟踪观测/监测部位及原因										

表 D-5 桥梁定期检查记录表（悬索桥）

公路管理机构名称：					
1 路线编号		2 路线名称		3 桥位桩号	
4 桥梁编号		5 桥梁名称		6 被跨越道路名称	
7 桥梁全长（m）		8 主跨结构		9 最大跨径（m）	
10 管养单位		11 建成时间		12 上次修复养护时间	
13 上次检查时间		14 本次检查时间		15 本次检查时气候及环境温度	
16 本次检查范围和检查规划					

续表 D-5

序号	17 部位	18 部件名称	19 评分	20 缺损					21 养护建议（维修范围、方式、时间）	22 是否需特殊检查
				类型	位置	范围	照片	最不利构件		
(1)	桥面系	桥面铺装								
(2)		伸缩装置								
(3)		排水系统								
(4)		人行道								
(5)		栏杆、护栏								
(6)		照明、标志								
(7)		桥路连接处								
(8)	上部结构	加劲梁								
(9)		索塔								
(10)		主缆								
(11)		索鞍								
(12)		索夹								
(13)		吊杆系统（吊杆、锚具、护套）								
(14)	下部结构	锚碇								
(15)		墩身及基础								
(16)		散索鞍								
(17)		锚杆								
(18)		桥台及基础								
(19)		翼墙、耳墙								
(20)		锥坡、护坡								
(21)	附属设施	防撞设施								
(22)		防雷设施								
(23)		防抛网、声屏障								
(24)		检修设施								
(25)		监测系统、永久观测点								
(26)		除湿设施								
(27)		阴极保护								
(28)		阻尼器								
(29)		调治构造物								
(30)		其他								

续表 D-5

23 桥梁技术状况评定等级		24 全桥清洁状况		25 预防及修复养护状况	
26 记录人		27 负责人		28 后续检查范围和检查规划	
29 建议长期跟踪观测/监测部位及原因					

附录 E 跨海桥梁附属设施技术状况评定标准

表 E-1 检修通道评定标准

标度	评 定 标 准
1	检修通道状态良好、运行正常，可满足各类检查和养护工作需求
2	检修通道可满足各类检查和养护工作需求、运行正常，与结构连接可靠，局部存在轻微涂层脱落、锈蚀、轻微变形等轻微病害
3	检修通道存在大面积涂层脱落、锈蚀、异常变形和振动等，与结构连接部位存在部分连接件失效，但不影响安全使用；或检查桁车行走、伸缩、升降、跨越能力存在一项失效，但不影响安全使用；或设置检修道，但部分关键部位无法达到、设置不合理，不便于检查、养护工作开展
4	检修通道存在严重锈蚀、连接部位失效，已影响安全使用；检修道严重变形和异常变形；检查桁车两项及两项以上功能失效；检修通道应设未设

表 E-2 除湿设施评定标准

标度	评 定 标 准
1	除湿系统外观整洁，运行正常，除湿效果满足要求
2	除湿系统运行基本正常、除湿效果满足要求；外观存在轻微污损，或检查周期内存在短暂停机情况
3	除湿系统运行异常，除湿效果不满足要求，但尚未造成结构材质加速腐蚀现象
4	除湿系统运行异常，除湿效果不满足要求，已造成结构材质加速腐蚀现象

表 E-3 钢结构阴极保护系统评定标准

标度	评 定 标 准
1	保护电位在 -1.05 ~ -0.8V 之间
2	保护电位在 -0.8V 至钢结构自然保护电位之间
3	—
4	阴极保护系统能力丧失，保护电位为自然保护电位或小于 -1.05V

注：保护电位为相对于 Ag/AgCl 海水电极测得的电位。

表 E-4 避雷装置评定标准

标度	评 定 标 准
1	避雷装置设置满足规范要求，状态完好；电气连续性完好，接地电阻满足要求
2	避雷装置设置满足规范要求，接地电阻满足要求，接闪器、杆塔或引下线存在轻微锈蚀，但未影响电器连续性
3	—
4	避雷装置设置不满足规范要求，或接地电阻不满足要求，电器连续性不能保证

表 E-5　防船撞设施评定标准

标度	评定标准
1	防撞设施能力满足要求,设施状态完好
2	防撞设施能力满足要求,设施局部存在锈蚀、剥离、凹坑、掉角、破损、老化等轻微病害,不影响防撞能力
3	防撞设施病害较为严重,已造成防撞性能等级下降
4	防撞设施能力不满足要求

表 E-6　塔梁阻尼器评定标准

标度	评定标准
1	阻尼器完整、清洁;与结构连接可靠;工作正常;性能指标满足现行标准要求
2	阻尼器连接件存在涂层起皮脱落、轻微漏油,但不影响阻尼器正常工作;阻尼器与结构连接可靠,个别位置连接锚栓存在锈蚀、断裂或松动;性能指标满足现行标准要求
3	阻尼器连接件存在大面积涂层起皮脱落锈蚀、严重漏油,其阻尼耗能作用或变形能力降低,但不影响结构体系受力,性能指标仍可满足现行标准要求;连接锚栓存在锈蚀、断裂或松动,已影响其连接可靠性
4	阻尼器阻尼耗能作用或变形能力严重降低,或存在卡死现象改变结构体系受力;性能指标不能满足现行标准要求

附录 F 跨海桥梁保洁要求

表 F 跨海桥梁保洁要求

类别	项目	内容	频率要求	保洁方法
主体结构	桥面	清扫	2 次/月	清扫车
		捡拾路面抛洒物	1 次/天	捡拾车配合人工
	防撞设施	防护栏杆清洗	1 次/3 月	高压冲水车或机械冲洗
	伸缩装置	保洁	1 次/3 月	吸尘机吸尘
	排水设施	排水管	1 次/2 月	高压冲水车或人工清捞
		排水边沟	1 次/2 月	人工清理
	锚室	内部保洁	1 次/月	人工清扫
	主塔	内部保洁	1 次/年	人工擦洗
	钢箱梁组合梁	外部除尘	1 次/3 年	人工干擦
		内部保洁	1 次/年	人工干擦
	检修通道	通道保洁	1 次/3 月	人工清扫
		栏杆保洁	1 次/3 月	人工擦洗
	检修平台	保洁	1 次/3 月	人工清扫
	锚箱、锚头、护罩	保洁	1 次/年	人工擦洗
	雾灯	保洁	1 次/3 月	人工擦洗
	阻尼器	保洁	1 次/6 月	人工擦洗、加润滑油
	支座	保洁	1 次/6 月	人工擦洗
附属设施	里程碑	保洁	1 次/3 月	人工擦洗
	百米桩	保洁	1 次/3 月	人工擦洗
	标志牌	保洁	1 次/3 月	登高车配合人工擦洗
	交通标志	保洁	1 次/年	人工擦洗
	除湿系统	保洁	1 次/年	人工擦洗
	阻尼器	保洁	1 次/年	人工擦洗
	检修车	保洁	1 次/年	人工擦洗

附录 G 桥梁检修车维护保养要求

表 G 桥梁检修车维护保养要求

部 位		检查内容	维护养护措施	保养周期
驱动系统	驱动箱	金属部分锈迹情况	除锈，按涂装体系进行涂装	1次/3月
	回转支承	转动是否灵活，螺栓松动情况	注入锂基脂，紧固螺栓	1次/3月
	升降平台滑槽和行走齿轮及轴承	升降平台滑槽、齿轮啮合是否完好，滑动、转动有无异响	升降平台滑槽、齿轮啮合部分加润滑脂	1次/3月
	电机	电机外壳锈蚀情况，接线有无松动，刹车开闭功能是否正常，运转有无异响	外壳喷防锈漆；紧固接线，调试刹车	1次/3月
液压系统	护栏、平台、油缸	有无锈蚀、升降功能是否正常	除锈，按防腐涂装体系进行涂装，排除升降功能障碍	1次/3月
电控系统	电池组线缆	线缆绝缘情况	对绝缘强度降低的线缆进行绝缘处理	1次/3月
	电池组	数据显示是否正常，电池单体电压和总电量情况，有无故障	根据故障信息，排除故障，电量低于设备要求的应立即补电	1次/月 每次使用前
	逆变电源	显示是否正常，有无报警蜂鸣声，电压输出是否符合要求	对电路板进行检查	1次/3月
	电控柜	电控柜门有无损坏，柜体有无锈蚀	对箱体进行涂装保护	1次/3月
	行程开关	传感器头部有无锈蚀、损坏，是否具备维养功能	头部转动部分，涂润滑油	1次/3月
	警铃、警报装置	警示声是否明亮，有无根据程序进行警示	排查线路	1次/3月
桁架系统	龙门架	有无锈蚀	除锈，按防腐涂装体系进行涂装	1次/3月
	连接螺栓	是否有松动	紧固，达到使用要求	1次/3月
	安全装置	导向轮有无变形、脱落；停车锚固装置是否变形，是否按要求进行了停车锚固	更换失效零部件	每使用前1次

续表 G

部　位		检　查　内　容	维护养护措施	保　养　周　期
轨道系统	连接螺栓	是否有松动	紧固，达到使用要求	1次/年
	轨道	有无锈蚀	打磨，修复涂装	1次/年
	回转支撑	转动是否灵活	注锂基脂润滑	1次/年
整机		运行1次/月		

附录 H 桥梁除湿系统维护保养要求

表 H 桥梁除湿系统维护保养要求

部　件	维护保养要求	
	常规保养：1 次/3 月	定期保养：1 次/1 年
空气过滤器	清扫过滤器箱，更换过滤网	清扫过滤器箱，视情况更换过滤网
机组和壳体	检查机组运行是否正常，壳体是否受损	检查机组和壳体损伤情况，清除电动机壳体表面的冷却沟槽中的灰尘和杂物，检查电动机的接线端子
风机		1. 检查风机轴承润滑情况和加润滑油。 2. 检查风机的叶轮有无损伤。 3. 检查风量并按要求调整风阀
转轮驱动电动机	检查驱动皮带	检查驱动皮带
电控箱	检查电控箱中的组件和接线损伤和过热情况，检查、处理接线松动问题	1. 检查电控箱中的组件和接线损伤和过热情况。 2. 检查、处理接线松动问题。清除在所有部件上的杂物和灰尘。 3. 清除电控箱散热部分的灰尘。 4. 检查所有的管道，电线和控制部件
加热器	清除滞留在加热器舱底和表面的杂物与灰尘	清除滞留在加热器舱底和表面上的杂物与灰尘
除湿转轮	检查有无过热和堵塞的迹象。	1. 检查有无过热和堵塞的迹象。清除转轮表面的灰尘。 2. 检查转轮二侧的压降
热交换器	清除滞留在交换器舱底和表面的杂物与灰尘	1. 检查管道，电线和控制部件。 2. 清除滞留在加热器舱底和表面上的杂物与灰尘
机组和风管的连接	检查空气的泄漏，机组、风管之间的连接	1. 检查空气的泄漏，机组、风管之间的连接情况。 2. 检查内部灰尘和损伤
湿度/露点控制	检查所有外接湿度探头的工作情况并按要求进行校准	检查所有外接湿度探头的工作情况并按要求进行校准

本规范用词用语说明

1 本规范执行严格程度的用词，采用下列写法：
1）表示很严格，非这样做不可的用词，正面词采用"必须"，反面词采用"严禁"；
2）表示严格，在正常情况下均应这样做的用词，正面词采用"应"，反面词采用"不应"或"不得"；
3）表示允许稍有选择，在条件许可时首先应这样做的用词，正面词采用"宜"，反面词采用"不宜"；
4）表示有选择，在一定条件下可以这样做的用词，采用"可"。

2 引用标准的用语采用下列写法：
1）在标准总则中表述与相关标准的关系时，采用"除应符合本规范的规定外，尚应符合国家和行业现行有关标准的规定"。
2）在标准条文及其他规定中，当引用的标准为国家标准和行业标准时，表述为"应符合《××××××》（×××）的有关规定"。
3）当引用本标准中的其他规定时，表述为"应符合本规范第×章的有关规定"、"应符合本规范第×.×节的有关规定"、"应符合本规范第×.×.×条的有关规定"或"应按本规范第×.×.×条的有关规定执行"。

现行公路工程行业标准一览表

(2022 年 7 月)

序号	板块	模块	现行编号	名　　称	定价(元)
1	总体		JTG 1001—2017	公路工程标准体系(14300)	20.00
2			JTG A02—2013	公路工程行业标准制修订管理导则(10544)	15.00
3			JTG A04—2013	公路工程标准编写导则(10538)	20.00
4	通用	基础	JTG B01—2014	公路工程技术标准(活页夹版,11814)	98.00
				公路工程技术标准(平装版,11829)	68.00
5			JTG 2111—2019	小交通量农村公路工程技术标准(15327)	50.00
6			JTG 2112—2021	城镇化地区公路工程技术标准(17752)	50.00
7			JTJ 002—87	公路工程名词术语(0346)	22.00
8			JTJ 003—86	公路自然区划标准(0348)	16.00
9			JTG 2120—2020	公路工程结构可靠性设计统一标准(16532)	50.00
10			建标〔2011〕124 号	公路工程项目建设用地指标(09402)	36.00
11			JTG F80/1—2017	公路工程质量检验评定标准　第一册　土建工程(14472)	90.00
12			JTG 2182—2020	公路工程质量检验评定标准　第二册　机电工程(16987)	60.00
13		安全	JTG B05—2015	公路项目安全性评价规范(12806)	45.00
14			JTG B05-01—2013	公路护栏安全性能评价标准(10992)	30.00
15			JTG B02—2013	公路工程抗震规范(11120)	45.00
16			JTG/T 2231-01—2020	公路桥梁抗震设计规范(16483)	80.00
17			JTG/T 2231-02—2021	公路桥梁抗震性能评价细则(16433)	40.00
18			JTG 2232—2019	公路隧道抗震设计规范(16131)	60.00
19			JTG F90—2015	公路工程施工安全技术规范(12138)	68.00
20		绿色	JTG B03—2006	公路建设项目环境影响评价规范(13373)	40.00
21			JTG B04—2010	公路环境保护规范(08473)	28.00
22			JTG/T 2321—2021	公路工程利用建筑垃圾技术规范(17536)	40.00
23			JTG/T 2340—2020	公路工程节能规范(16115)	30.00
24		智慧	JTG/T 2420—2021	公路工程信息模型应用统一标准(17181)	50.00
25			JTG/T 2421—2021	公路工程设计信息模型应用标准(17179)	80.00
26			JTG/T 2422—2021	公路工程施工信息模型应用标准(17180)	70.00
27	建设	勘测	JTG C10—2007	公路勘测规范(06570)	40.00
28			JTG/T C10—2007	公路勘测细则(06572)	42.00
29			JTG C20—2011	公路工程地质勘察规范(09507)	65.00
30			JTG/T C21-01—2005	公路工程地质遥感勘察规范(0839)	17.00
31			JTG/T C21-02—2014	公路工程卫星图像测绘技术规程(11540)	25.00
32			JTG/T 3221-04—2022	公路跨海通道工程地质勘察规程(18076)	70.00
33			JTG/T 3222—2020	公路工程物探规程(16831)	60.00
34			JTG 3223—2021	公路工程地质原位测试规程(17325)	100.00
35		设计	JTG C30—2015	公路工程水文勘测设计规范(12063)	70.00
36			JTG/T 3310—2019	公路工程混凝土结构耐久性设计规范(15635)	50.00
37			JTG/T 3311—2021	小交通量农村公路工程设计规范(17487)	60.00
38			JTG D20—2017	公路路线设计规范(14301)	80.00
39			JTG/T D21—2014	公路立体交叉设计细则(11761)	60.00
40			JTG D30—2015	公路路基设计规范(12147)	98.00
41			JTG/T D31—2008	沙漠地区公路设计与施工指南(1206)	32.00
42			JTG/T D31-02—2013	公路软土地基路堤设计与施工技术细则(10449)	40.00
43			JTG/T D31-03—2011	采空区公路设计与施工技术细则(09181)	40.00
44			JTG/T D31-04—2012	多年冻土地区公路设计与施工技术细则(10260)	40.00
45			JTG/T D31-05—2017	黄土地区公路路基设计与施工技术规范(13994)	50.00
46			JTG/T D31-06—2017	季节性冻土地区公路设计与施工技术规范(13981)	45.00
47			JTG/T D32—2012	公路土工合成材料应用技术规范(09908)	50.00
48			JTG/T D33—2012	公路排水设计规范(10337)	40.00
49			JTG/T 3334—2018	公路滑坡防治设计规范(15178)	55.00
50			JTG D40—2011	公路水泥混凝土路面设计规范(09463)	40.00
51			JTG D50—2017	公路沥青路面设计规范(13760)	50.00
52			JTG/T 3350-03—2020	排水沥青路面设计与施工技术规范(16651)	50.00
53			JTG D60—2015	公路桥涵设计通用规范(12506)	40.00
54			JTG/T 3360-01—2018	公路桥梁抗风设计规范(15231)	75.00
55			JTG/T 3360-02—2020	公路桥梁抗撞设计规范(16435)	40.00
56			JTG/T 3360-03—2018	公路桥梁景观设计规范(14540)	40.00
57			JTG D61—2005	公路圬工桥涵设计规范(13355)	30.00
58			JTG 3362—2018	公路钢筋混凝土及预应力混凝土桥涵设计规范(14951)	90.00
59			JTG 3363—2019	公路桥涵地基与基础设计规范(16223)	90.00
60			JTG D64—2015	公路钢结构桥梁设计规范(12507)	80.00
61			JTG/T D64-01—2015	公路钢混组合桥梁设计与施工规范(12682)	45.00
62			JTG/T 3364-02—2019	公路钢桥面铺装设计与施工技术规范(15637)	50.00
63			JTG/T 3365-01—2020	公路斜拉桥设计规范(16365)	50.00
64			JTG/T 3365-02—2020	公路涵洞设计规范(16583)	50.00
65			JTG/T D65-05—2015	公路悬索桥设计规范(12674)	55.00
66			JTG/T D65-06—2015	公路钢管混凝土拱桥设计规范(12514)	40.00
67			JTG/T 3365-05—2022	公路装配式混凝土桥梁设计规范(17885)	60.00
68			JTG 3370.1—2018	公路隧道设计规范　第一册　土建工程(14639)	110.00
69			JTG D70/2—2014	公路隧道设计规范　第二册　交通工程与附属设施(11543)	50.00

序号	板块	模块	现行编号	名 称	定价(元)
70	建设	设计	JTG/T D70—2010	公路隧道设计细则(08478)	66.00
71			JTG/T D70/2-01—2014	公路隧道照明设计细则(11541)	35.00
72			JTG/T D70/2-02—2014	公路隧道通风设计细则(11546)	70.00
73			JTG/T 3371—2022	公路水下隧道设计规范(17889)	120.00
74			JTG/T 3371-01—2022	公路沉管隧道设计规范(18063)	70.00
75			JTG/T 3374—2020	公路瓦斯隧道设计与施工技术规范(16141)	60.00
76			JTG D80—2006	高速公路交通工程及沿线设施设计通用规范(0998)	25.00
77			JTG D81—2017	公路交通安全设施设计规范(14395)	60.00
78			JTG/T D81—2017	公路交通安全设施设计细则(14396)	90.00
79			JTG/T 3381-02—2020	公路限速标志设计规范(16696)	40.00
80			JTG D82—2009	公路交通标志和标线设置规范(07947)	116.00
81			JTG/T 3383-01—2020	公路通信及电力管道设计规范(16686)	40.00
82			JTG/T L11—2014	高速公路改扩建设计细则(11998)	45.00
83			JTG/T L80—2014	高速公路改扩建交通工程与沿线设施设计细则(11999)	30.00
84			JTG/T 3392—2022	高速公路改扩建交通组织设计规范(17883)	50.00
85		通用图	JTG/T 3911—2021	装配化工字组合梁桥通用图(17771)	3000.00
86		试验	JTG E20—2011	公路工程沥青及沥青混合料试验规程(09468)	106.00
87			JTG 3420—2020	公路工程水泥及水泥混凝土试验规程(16989)	100.00
88			JTG 3430—2020	公路土工试验规程(16828)	120.00
89			JTG E41—2005	公路工程岩石试验规程(13351)	30.00
90			JTG E42—2005	公路工程集料试验规程(13353)	50.00
91			JTG E50—2006	公路工程土工合成材料试验规程(13398)	40.00
92			JTG E51—2009	公路工程无机结合料稳定材料试验规程(08046)	60.00
93			JTG 3450—2019	公路路基路面现场测试规程(15830)	90.00
94		检测	JTG/T 3512—2020	公路工程基桩检测技术规程(16482)	60.00
95			JTG/T 3520—2021	公路机电工程测试规程(17414)	60.00
96		施工	JTG/T 3610—2019	公路路基施工技术规范(15769)	80.00
97			JTG/T F20—2015	公路路面基层施工技术细则(12367)	45.00
98			JTG/T F30—2014	公路水泥混凝土路面施工技术细则(11244)	60.00
99			JTG F40—2004	公路沥青路面施工技术规范(05328)	50.00
100			JTG/T 3650—2020	公路桥涵施工技术规范(16434)	125.00
101			JTG/T 3650-02—2019	特大跨径公路桥梁施工测量规范(15634)	80.00
102			JTG/T 3651—2022	公路钢结构桥梁制造和安装施工规范(17884)	80.00
103			JTG/T 3652—2022	跨海钢箱梁桥大节段施工技术规程(18075)	30.00
104			JTG/T 3660—2020	公路隧道施工技术规范(16488)	100.00
105			JTG/T 3671—2021	公路交通安全设施施工技术规范(17000)	50.00
106			JTG/T F72—2011	公路隧道交通工程与附属设施施工技术规范(09509)	35.00
107		监理	JTG G10—2016	公路工程施工监理规范(13275)	40.00
108		造价	JTG 3810—2017	公路工程建设项目造价文件管理导则(14473)	50.00
109			JTG/T 3811—2020	公路工程施工定额测定与编制规程(16083)	60.00
110			JTG/T 3812—2020	公路工程建设项目造价数据标准(16836)	100.00
111			JTG 3820—2018	公路工程建设项目投资估算编制办法(14362)	60.00
112			JTG 3821—2018	公路工程估算指标(14363)	120.00
113			JTG 3830—2018	公路工程建设项目概算预算编制办法(14364)	60.00
114			JTG/T 3831—2018	公路工程概算定额(14365)	270.00
115			JTG/T 3832—2018	公路工程预算定额(14366)	300.00
116			JTG/T 3833—2018	公路工程机械台班费用定额(14367)	50.00
117	养护	综合	JTG H10—2009	公路养护技术规范(08071)	60.00
118			JTG 5120—2021	公路桥涵养护规范(17160)	60.00
119			JTG/T 5122—2021	公路缆索结构体系桥梁养护技术规范(17764)	60.00
120			JTG/T 5124—2022	公路跨海桥梁养护技术规范(18092)	50.00
121			JTG H12—2015	公路隧道养护技术规范(12062)	60.00
122			JTJ 073.1—2001	公路水泥混凝土路面养护技术规范(13658)	20.00
123			JTG 5142—2019	公路沥青路面养护技术规范(15612)	60.00
124			JTG/T 5142-01—2021	公路沥青路面预防养护规范(17578)	50.00
125			JTG 5150—2020	公路路基养护技术规范(16596)	40.00
126			JTG/T 5190—2019	农村公路养护技术规范(15430)	30.00
127		检测评价	JTG 5210—2018	公路技术状况评定标准(15202)	40.00
128			JTG/T E61—2014	公路路面技术状况自动化检测规程(11830)	25.00
129			JTG/T H21—2011	公路桥梁技术状况评定标准(09324)	46.00
130			JTG/T J21—2011	公路桥梁承载能力检测评定规程(09480)	20.00
131			JTG/T J21-01—2015	公路桥梁荷载试验规程(12751)	40.00
132			JTG 5220—2020	公路养护工程质量检验评定标准 第一册 土建工程(16795)	80.00
133		养护设计	JTG 5421—2018	公路沥青路面养护设计规范(15201)	40.00
134			JTG/T J22—2008	公路桥梁加固设计规范(07380)	52.00
135			JTG/T 5440—2018	公路隧道加固技术规范(15402)	70.00
136		养护施工	JTG/T F31—2014	公路水泥混凝土路面再生利用技术细则(11360)	30.00
137			JTG/T 5521—2019	公路沥青路面再生技术规范(15839)	60.00
138			JTG/T J23—2008	公路桥梁加固施工技术规范(07378)	40.00
139			JTG H30—2015	公路养护安全作业规程(12234)	90.00
140		造价	JTG 5610—2020	公路养护预算编制导则(16733)	50.00
141			JTG/T M72-01—2017	公路隧道养护工程预算定额(14189)	60.00
142			JTG/T 5612—2020	公路桥梁养护工程预算定额(16855)	50.00
143			JTG/T 5640—2020	农村公路养护预算编制办法(16302)	70.00
144	运营	收费服务	JTG/T 6303.1—2017	收费公路移动支付技术规范 第一册 停车移动支付(14380)	20.00
145			JTG B10-01—2014	公路电子不停车收费联网运营和服务规范(11566)	30.00

注：JTG——公路工程行业标准；JTG/T——公路工程行业推荐性标准。销售电话:010-85285659；业务咨询电话:010-85285922/30。